edition Sächsische Zeitung

KLAUS WILLEM SITZMANN

Auf dem Malerweg

IMPRESSIONEN

AUS DER SÄCHSISCHEN SCHWEIZ

MIT BEITRÄGEN VON

HANS JOACHIM NEIDHARDT

MATTHIAS GRIEBEL

KONRAD CREUTZ

EDITION SÄCHSISCHE ZEITUNG

Dieser Bildband ist Professor Robert Sturm
in Dankbarkeit – für 1976 und die Jahre danach –
gewidmet.

KLAUS WILLEM SITZMANN
Dresden – Fulda 2008

INHALTSVERZEICHNIS

7 Inspiration Sächsische Schweiz
  HANS JOACHIM NEIDHARDT

13 Bildteil
   AUFNAHMEN VON KLAUS WILLEM SITZMANN
   BILDTEXTE VON KONRAD CREUTZ

15 Vom Liebethaler Grund über Lohmen zum Uttewalder Felsentor

35 Über Rathewalde und den Amselfall in das Gebiet der Bastei

77 Durchs Polenztal über Hohnstein und Brand nach Bad Schandau

97 Entlang der Hohen Straße und zum Kuhstall

115 Ums Schrammtor und zur Kipphornaussicht

137 Von Herrnskretschen durch die Edmundsklamm zum Prebischtor

153 Vom Hohen Schneeberg und Impressionen aus der Luft

165 Die Steine. Zwischen Kaiserkrone und Rauenstein

195 Naturspiel. Romantisch. Schön. Bizarr.

203 Von Denkwürdigem am Wege
    MATTHIAS GRIEBEL

207 Übersichtskarte des Malerweges

208 Die Autoren

Johann Gottfried Jentzsch (1759–1826)
(und J. G. Schumann)
Das Thor im Ottowalder Grund. Um 1800
Dresden, Städtische Galerie, Kunstsammlung

INSPIRATION SÄCHSISCHE SCHWEIZ

HANS JOACHIM NEIDHARDT

Die Wogen der Gefühle schlugen hoch bei den ersten Wanderern und Reisenden, die im letzten Drittel des 18. Jahrhunderts die Naturbildungen des sächsischen Elbsandsteingebirges mit seinen hohen Felsen und tiefen Schluchten bestaunten. Da tat sich 30 Kilometer vor den Toren der sächsischen Residenz eine bis dahin nahezu unbekannte Welt bizarrer Geländeformen und botanischer Vielfalt auf, die man bisher kaum wahrgenommen hatte. Die Emotionen schwankten zwischen Schrecken und Entzücken. Immerhin hatte es im Sommer 1708 August der Starke schon mal gewagt, auf schwierigen Pfaden den Lilienstein zu besteigen, um von da oben einen ungewöhnlichen Blick auf seine Haupt- und Staatsfestung Königstein zu werfen. Ein Obelisk auf dem Plateau erinnerte noch lange daran.

Von JOHANN GOTTFRIED JENTZSCH, der selber aus der Sächsischen Schweiz stammt, gibt es eine Radierung, wo vor dem Felsentor des Uttewalder Grundes eine Gruppe von Damen und Herren gestenreich und offensichtlich vom Natureindruck überwältigt, agiert. Wir würden heute sagen: überreagiert. Solch theatralische Emphase gehört eigentlich noch der Epoche der Empfindsamkeit an und galt um 1800 – außer im konservativen Dresden – als überwundene Modeerscheinung. »Exister pour nous – c'est sentir«, hatte Rousseau, der geistige Vater jenes Gefühlkultes, einst ausgerufen.

Ein Herr Eberhard, der sich auch Lafleur nannte, echauffierte sich hier 1798 über die Maßen, nannte diesen Ort »abscheulich« und meinte, »... daß es in Sibirien und bei den Türken nicht grausamer aussieht, als in dem Udewalder Grunde.« (1) So war das nachmals berühmte Felsentor offensichtlich Auslöser widersprechender Emotionen. Den Künstler wiederum hat das Motiv interessiert, das später auch Caspar David Friedrich wiederholt beschäftigt und zu einem seiner schönsten Sepiablätter veranlasst hat.

Jentzsch gehört zu einer Gruppe von Vedutenzeichnern und -radierern, die im Gefolge des Schweizer Künstlers Adrian Zingg die interessantesten Blicke des damals noch so genannten »Meißner Hochlandes« in zahlreichen Blättern festhielten. Zingg, der als künstlerischer Entdecker der Sächsischen Schweiz gilt, unternahm seine denkwürdige Fußwanderung zusammen mit dem Porträtmaler Anton Graff aus Winterthur schon im August 1766, wenige Monate nach seiner Berufung als Professor an die Dresdner Kunstakademie. Von dem, was sie da sahen und erlebten, waren die beiden so angerührt, dass der Vergleich mit der Hochgebirgswelt ihrer Heimat ihnen durchaus angemessen schien.

Der Entdeckerruhm der beiden Neusachsen relativiert sich freilich, wenn man erfährt, dass der Dresdner Landschaftsmaler JOHANN ALEXANDER THIELE schon 1725 im Elbtal zwischen Pirna und Rathen mit dem Zeichenbuch unterwegs war. Sein Kupferstich von 1726 mit Königstein, Lilienstein und der ganzen Szenerie der südöstlichen Tafelberge war so beliebt, dass er viele Nachahmer fand. Nachdem Thiele 1738 königlich-kurfürstlicher Hofmaler geworden war, schuf er für August III. und andere hohe Herren Bilder mit Motiven aus dem Elbsandsteingebirge. Obwohl man diese Gemälde – Blicke auf die Stadt Wehlen, auf eine Felskuppe des Liliensteins und auf die Elbschleife mit Königstein und Lilienstein – »Prospekte« nannte, sind sie doch weit mehr als bloß topographisch

JOHANN ALEXANDER THIELE (1685–1752)
Großer Prospekt der Festung Königstein. 1748
Schwerin, Staatliches Museum, Kunstsammlungen, Schlösser und Gärten

CASPAR DAVID FRIEDRICH (1774–1840)
Wanderer über dem Nebelmeer. Gegen 1818
Hamburger Kunsthalle

CASPAR DAVID FRIEDRICH (1774–1840)
Felsenschlucht. 1822/24
Wien, Kunsthistorisches Museum

exakte Wiedergaben bestimmter Gegenden. Thieles Landschaften stehen im Spannungsfeld von Wirklichkeit und »Stil«. Immer sind die großen Vorbilder der Vergangenheit im Hinterkopf. Da gerät dann eine Gebirgsszene – und sei es eine der »Sächsischen Schweiz« – in die Nähe der großen Holländer, Franzosen oder auch Italiener des 17. Jahrhunderts. 1834 kommentiert Galeriedirektor Matthäi das große Lilienstein-Bild Thieles: »Er scheint von der Großartigkeit des kühn emporstrebenden Felsens so ergriffen gewesen zu sein, daß er sich gedrungen fühlte, ihn im Geiste eines der kühnsten Maler der Vorzeit, des Salvator Rosa darzustellen, und so kommt es denn, daß wir (...) schwerlich aber an den Lilienstein (...) erinnert werden.« (2)

In der Regel hat der Maler die Hauptmotive des Mittel- und Hintergrundes getreu nach der Natur studiert. Die Inszenierung jedoch mit den großen Phantasiebäumen und Schattenplänen des Vordergrundes frei oder vielmehr regelhaft hinzukomponiert. Noch für Goethe bedeutete der Weg von der »einfachen Nachahmung der Natur« zum »Stil« einen wünschenswerten Qualitätssprung. Den aber konnte man bei »den Alten« lernen. Und noch 1786 schwärmt der Kunststudent Conrad Gessner in einem Bericht an seinen Vater, den Idyllendichter Salomon Gessner in Zürich, von einer Wanderung in die Sächsische Schweiz: »Letzte Woche wandelten wir, Herr Zingg und ich, nach der Natur zu zeichnen. Wir hatten wieder die romantischen Gründe Everdingens und Ruisdaels vor uns«. (3)

Fast könnte man sie im Vorüberwandern übersehen – jene Gruppe von Steinblöcken, die da, umgeben von Bäumen und Gebüsch, am Wanderweg zu Füßen der Kaiserkrone liegen. CASPAR DAVID FRIEDRICH hat sie am 6. März 1813 gezeichnet und wurde von ihr zu einem seiner bedeutendsten Gemälde inspiriert. Es trägt den Titel »Der Wanderer über dem Nebelmeer« (um 1818). Da lässt er eben jene Steinblöcke zum Gipfel werden, auf dem ein einsamer Wanderer steht und über Abgründe, Felsen und Nebelschwaden in die Ferne blickt, wo am Horizont als höchste Erhebung ein Kegelberg – vermutlich der Rosenberg in Böhmen – in seinen Umrissen sichtbar wird. Ihm antwortet rechts von der dunkel aufragenden Rückenfigur der markante Zirkelstein.

Die Ankunft auf der Bergkuppe, von der aus es nicht mehr höher geht, erweckt vielfältige Assoziationen von Vollendung der Lebensreise und Todesahnung. Der Mensch auf dem Gipfel steht zugleich auch am Abgrund, der in Nebel gehüllt ist, Symbol für das Künftige, das den

Augen des Sterblichen verborgen bleiben muss. Der hohe Berg am Horizont dürfte als Zeichen gemeint sein der Hoffnung auf die göttliche Liebe und Gnade über den Tod hinaus, der Fels aber als Standort ist fest und unverrückbar wie unser Glaube. Friedrich war ein frommer Christ ... Dieses ergreifende, aus romantischer Geistigkeit erwachsende Sinn-Bild ist das ganze Gegenteil eines Prospektes.

Mit einem anderen, wenige Jahre später entstandenen Gemälde hat der bedeutendste Maler der Romantik so etwas zustande gebracht wie ein Konzentrat, eine Summe, ein verdichtetes Sinnbild jener Landschaft, die wir Sächsische Schweiz nennen. Hier ist packende Realität und Abstraktion zugleich. Friedrich hat es auf den Punkt gebracht: »Das Ragende und das Abgründige« (Hoch), das Fallende und das Steigende, das Vergehende und das Wachsende, die »fürchterliche« Schlucht mit dem faulenden Baumstrunk und der entwurzelten Fichte im Vordergrund und den hoch in den blauen Himmel ragenden Felstürmen dahinter.

Er ist ein genauer, unbestechlicher Beobachter, wenn er vor der Natur zeichnet. Man spürt, wie intensiv er sich eingefühlt hat in Wesen und Charakter dieser einzig-

Carl Blechen (1789–1840)
Gebirgsschlucht im Winter. 1825
Berlin, Staatliche Museen Preußischer Kulturbesitz,
Nationalgalerie

Ernst Erwin Oehme (1831–1907)
Steinbruch in der Sächsischen Schweiz. 1860
Dresden, Staatliche Kunstsammlungen,
Galerie Neue Meister

artigen Gebirgslandschaft. Um dieses Gefühl zu bekommen, hat der Maler nach seinen eigenen Worten »einmal eine ganze Woche zwischen Felsen und Tanne gewohnt«. Von diesem Blick durch eine Schlucht zwischen Ferdinandstein und dem Basteifelsen, der bis heute nahezu unverändert ist, hat es mit Sicherheit Detailzeichnungen gegeben. Bekannt ist eine aquarellierte Studie, die als verschollen gilt. (4)

Mit der packenden Darstellung eines Eindrucks, den der Wanderer noch immer so oder so ähnlich erleben kann, hat Friedrich aber nicht nur das romantische Bild der Sächsischen Schweiz gemalt. Er gibt damit zugleich ein starkes Gleichnis menschlicher Existenz zwischen Werden und Vergehen, Verzweiflung und Hoffnung.

Eine ganz andere, sachlich-realistische Sicht und Auffassung von Landschaft hatte Friedrichs Künstlerfreund Johan Christian Dahl (1788–1857), der Anfang der 1820er Jahre des öfteren mit Schülern das inzwischen bekannt gewordene und als Touristenziel beliebte Sandsteingebirge besuchte. Sie malten das Gebirge in Farbe und Licht.

Der Felsengrund bei Liebethal am Eingang zur Sächsischen Schweiz war erster Anlaufpunkt und Pflichtmotiv für ganze Generationen Dresdner Maler. Hier bei der pittoresk an der Wesenitz gelegenen Lochmühle haben sie alle Station gemacht: Zingg und Jentzsch, Nathe und Sprinck, Dahl und Sparmann. Man folgte dem sogenannten Fremdenweg, der hier bei

ROBERT STERL (1867–1932)
Steinbruch mit zwei Arbeitsgruppen. 1908
Dresden, Staatliche Kunstsammlungen,
Galerie Neue Meister

Lohmen begann und sich bis in die nordböhmische Felsenwelt hinzog.

Einer, der im August 1823 diesen Weg mit seinem damaligen Lehrmeister Dahl gewandert ist, war der junge CARL BLECHEN. Mit Ölstudien aus dem Liebethaler Grund behauptet er sich selbstbewusst neben dem Lehrer. Am 12. August zeichnete er die Amselhöhle im Amselgrund bei Rathen, fünf Tage später eine bemooste Baumruine im »Dürre Kamnitz Grund« bei dem Elbdörfchen Herrnskretschen. Die Schlucht mit dem skurrilen Baumgebilde hat seine Phantasie auch nach der Rückkehr nach Berlin beschäftigt und ihn zu seiner ersten großen Bildschöpfung, dem Gemälde »Gebirgsschlucht im Winter« inspiriert. In dieser wildromantischen, von seiner Tätigkeit als Bühnenbildner am Königstädtischen Theater beeinflussten Szenerie glaubt man Carl Maria von Webers Wolfsschlucht aus seiner Oper »Freischütz« wieder zu begegnen. Für ihn war es kein Problem, seine sommerliche Skizze in einer romantischen Bildvision von winterlich-unwirtlicher, abschreckender Natur aufgehen zu lassen. Es erinnert schon fast an einen Bühnengag, wie er diesem infernalischen Gruselambiente mit dem Baummonster höchst effektvoll eine Madonnenstatue als Zeichen für die tröstliche Gegenwart göttlicher Liebe einfügt. In diesem Bilde kommt Blechens mentale Neigung zur Schwermut und Weltflucht zum Ausdruck, die ihn mit dem von ihm verehrten Friedrich verbindet. Aber anders noch als bei jenem bewegen ihn Vorstellungen des Unheimlichen und Mysteriösen im Sinne der Dichtungen Achim von Arnims und E.T.A. Hoffmanns. Die Wiederkehr des Dämonischen ist eine Zeiterscheinung. Wenn nach der Epoche der Aufklärung und der französischen Revolution die Natur nicht mehr als »Schöpfung« verstanden wird, verliert sie ihre Relativität. »Wo keine Götter sind, walten Gespenster«, erkennt Novalis. Der sensible Blechen hat Ähnliches gefühlt in den schaurigen Schluchten der Sächsisch-Böhmischen Schweiz.

Zingg, Jentzsch und Sprinck aber gehören freilich jener Gilde von Landschaftszeichnern und -radierern an, zu der anfangs auch der begabte junge Ludwig Richter gehörte und der er zu entkommen suchte. Er hat sie später, sich einbeziehend, herablassend als »Prospekteschmiede« bezeichnet, die »in einer ziemlich geschmacklosen Manier« für den Bedarf einer ständig wachsenden Zahl von Dresden-Reisenden und Gebirgstouristen arbeiteten, welche sich Abbildungen der schönsten und interessantesten Blicke mit nach Hause nehmen wollten. So machte sich schon der zwanzigjährige Richter einen Namen mit der Herausgabe eines »Taschenbuch(es) für den Besuch der Sächsischen Schweiz« (1823) beim Dresdner Buchhändler Arnold. Ob es mit der Aversion gegen diese massenhafte frühe Fronarbeit im Dienste seines Vaters Carl August Richter und seines Paten Adrian Zingg zusammenhängt, dass der große Meister spätromantischer Landschaftsmalerei kein Motiv aus der Sächsischen Schweiz, die er doch so gut kannte, zu einem

OTTO DIX (1891–1969)
Elbsandsteingebirge (Schrammsteine). 1938
Berlin, Staatliche Museen Preußischer Kulturbesitz,
Nationalgalerie

seiner Gemälde gestaltet hat, kann nur eine Vermutung bleiben. Der Schreckenstein bei Aussig mit seiner Burgruine über dem Strom, den Richter mehrfach malte, besteht nicht aus Elbsandstein, sondern aus Phonolith, einer basaltähnlichen vulkanischen Eruptivmasse, und er liegt in Böhmen.

ERWIN OEHME ist einer der begabtesten Schüler Ludwig Richters. Als er 1860 sein Gemälde »Steinbruch in der Sächsischen Schweiz« schuf, war er schon ein Meister. Mit diesem Bild von beachtlicher Größe erregte er auf den Kunstausstellungen in Dresden und Wien großes Aufsehen. Hatte er doch nicht einen der populären Blicke des Elbgebirges zum Motiv gewählt, sondern die hoch aufragende, in praller Sonne liegende Felswand eines Sandsteinbruchs.

Der schon seit dem späten Mittelalter begehrte Stein wurde im 19. Jahrhundert durch Unterhöhlung der Wände und anschließende Sprengungen abgebaut. Die heruntergebrochenen Blöcke bearbeitete man vor Ort. Was Oehme hier in kühner, fast schon impressionistischer Farbigkeit gemalt hat, ist eine künstlich von Menschen geschaffene Landschaft. Es ist der aufgerissene Felsen, ist verwundetes, ausgebeutetes Gebirge, aber auch Arbeits- und Lebensmöglichkeit für viele Menschen. Eine kleine Bretterhütte am Fuße der Wand dient den Steinbrechern als Unterkunft, die sich hier an einem riesigen Felsblock zu schaffen machen. Die Inszenierung dieses neuartigen Motivs wirkt freilich geschönt und entschärft die ökologische Problematik, indem sie hergebrachten akademischen Kompositionsregeln folgt. Inhaltlich aber werden die Konventionen der spätromantischen Ideenmalerei aufgegeben. Die Landschaftsauffassung der Richter-Schule erfährt eine realitätsbezogene Weiterentwicklung.

Neben den Malern mit dem Pinsel wurde in jenem Jahrzehnt nach der Jahrhundertmitte eine andere, ständig wachsende Künstlergilde von der Inspiration durch die Motivwelt Sächsische Schweiz ergriffen: nämlich die der »Licht-Bildner« HERMANN KRONE, wie Oehme ein Schüler Ludwig Richters an der Dresdner Akademie, beschritt diesen Weg und entwickelte die Daguerreotypie zur Kunst. Er war der Erste, der systematisch in der Landschaft fotografierte. 1853 erschien sein erstes Fotoalbum der Sächsischen Schweiz mit sechsunddreißig Motiven aus dem Elbsandsteingebirge. Für diese bahnbrechende Tat bekam er eine Gedenktafel am Basteifelsen.

Es dauerte noch einige Jahrzehnte, bis das Licht auch in die Malsäle der Akademien eindrang und über die

HERMANN KRONE (1827–1916)
Burg Neurathen (Bastei). 1857
Nasskollodium, aquarelliert von Ludwig Friedrich
Historisches Lehrmuseum für Photographie, Lehrtafel 86
Dresden, Technische Universität
Hermann-Krone-Sammlung

Leinwände der Maler flutete. Erst in den 1890er Jahren gelangten die neuen Errungenschaften der lichtbegeisterten Impressionisten von der Seine an die Elbe. Einer ihrer Protagonisten war ROBERT STERL. Sein Heimatdorf Großdobritz lag damals noch südöstlich von Dresden auf halbem Wege nach Pirna und der Sächsischen Schweiz. Dass er sich später in Naundorf bei Wehlen niederließ, geschah wohl nicht zufällig, sondern belegt nur seine lebenslange Zuwendung und Verbundenheit mit dieser Landschaft. Die Elbsandsteinbrüche und ihre Arbeitswelt wurden zu einem seiner lebenslang favorisierten Themenbereiche. Ausgelöst wurde dieses über Jahrzehnte anhaltende Interesse indessen durch eine Auftragsarbeit, die ihn erstmals 1893 in die Sandsteinbrüche von Schmilka führte. Dort zeichnete er vor Ort neun Illustrationen für einen Aufsatz in der Zeitschrift »Universum«, die in Dresden und Wien erschien. (5)

Wenige Jahre später schon taucht das Thema in seinem malerischen Werk auf. Er hat es in über hundert Gemälden und Ölstudien behandelt, begleitet von einer großen Fülle gezeichneter Studien. Dass ab 1905 das Motiv des Steinbruchs eine so besonders dominante Rolle spielt, wird nicht nur mit seiner Berufung 1904 zum Akademielehrer nach Dresden zu tun haben, sondern auch mit dem Erscheinen einer spektakulären Neuerwerbung in der Gemäldegalerie: dem berühmten Bild »Steineklopfer« von Gustave Courbet. (Kriegsverlust). Gleich im folgenden Jahr finden wir Sterl zeichnend und malend in den Steinbrüchen zu Diesbar an der Elbe, 1906 dann in den Brüchen von Schmilka, und in den Jahren danach in denen zu Neuendorf, Schöna, Klein-Cotta und Naundorf. (6)

Was ihm dabei wichtig ist, sind vor allem die arbeitenden Menschen mit ihrem Werkzeug, beim Brechen, beim Verladen und beim Transport der Steinblöcke, aber gleichermaßen auch das landschaftliche Ambiente der Steinbrüche in unterschiedlicher Beleuchtung und Farbigkeit. Da gibt es Plein-air-Studien von großer Unmittelbarkeit, Szenen in gleißendem Sonnenlicht, wo die Mittagshitze über dem ockergelben Sandstein brütet und die Menschen als bloße farbige Flecke im Gesamteindruck dieser transitorischen Stimmung aufgehen.

Was OTTO DIX im Jahr vor Ausbruch des verheerenden Zweiten Weltkrieges in der Nähe von Bad Schandau malte und erschaute, ähnelt nur auf den ersten Blick jenen Panorama-Veduten des 18. Jahrhunderts, deren Anliegen vor allem in der topographischen Treue bestand. Man erblickt eine spätsommerliche Landschaft. Das satte Gelb reifer Getreidefelder ist eingerahmt durch das dunkle Grün von Baumgruppen und Waldstücken. Zwischen diesem weitgedehnten Mittelgrund und dem Gebirgsstock der Schrammsteine im Hintergrund ahnt man das Elbtal. Die altmeisterlich gemalte Landschaft mit dem idyllischen Dörfchen im Vordergrund lässt an Dürers Aquarelle und Altdorfers Naturszenen denken. Sie gewinnt Dramatik durch tiefhängende Wolkenbänke, die wie eine Bedrohung über der friedlichen Szene lagern. Das ist Romantik pur: Flucht aus der unheilvollen Realität und zugleich Kontrastprogramm zur Misere dieser Welt. Die Beschlagnahme von 260 seiner als »entartet« diffamierten Werke aus deutschen Museen durch die Nazis lag nur Monate zurück, und die Kriegsgefahr stand wie eine riesige Gewitterwand über Europa. Dix hatte Mal- und Ausstellungsverbot, und so »emigrierte« der unerbittliche Enthüller und Ankläger von Krieg und sozialem Elend in die Landschaftsmalerei, die bis 1944 sein Schaffen dominierte. Damit erweist sich die Idylle dieses Bildes als trügerisch und durchaus hintergründig.

So war die Landschaft der Sächsischen Schweiz seit der Zeit ihrer Entdeckung nicht nur Motivarsenal für tourismusorientierte »Prospektenschmiede«, sondern immer wieder auch Quelle inspirierender Impulse für Künstler, die mehr in ihr sahen und fanden, als nur schöne Blicke: Anregung für Maler, Zeichner und Fotografen, deren subjektive Deutungen und expressive Auslegungen in die Kunstgeschichte eingegangen sind.

ANMERKUNGEN
(1) Zit. Nach Frank Richter, Der historische Malerweg. Die Entdeckung der Sächsischen Schweiz im 18./19. Jahrhundert, Dresden 2000, S. 30
(2) Zit. Nach Harald Marx, Die schönsten Ansichten aus Sachsen. Johann Alexander Thiele (1685-1752) zum 250. Todestag. Ausst.-Kat. Dresden 2002, S. 190. Thieles Gemälde »Der Lilienstein« (Dresden, Gemäldegalerie Alte Meister, Gal. Nr. 2074 A) von 1742 verbrannte beim Bombenangriff auf Dresden im Februar 1945.
(3) Moritz Stübel: Briefe von und über Adrian Zingg. In: Monatshefte für Kunstwiss. IX. Jg. 1916, S. 284
(4) Vgl. Karl-Ludwig Hoch, Caspar David Friedrich in der Sächsischen Schweiz. Dresden 1995, S. 30
(5) Th. Gampe, Aus den Elbsandsteinbrüchen. In: Universum. Illustrierte Familienzeitschrift, Dresden/Wien, X. Jg. 1893/94, Heft 24
(6) Vgl. Lothar Brauner, Harmonie von Wollen und Können. Die Gemälde von Robert Sterl. In Ausst.-Kat. Robert Sterl. 1867-1932. Das Werk des Malers. Eine Ausstellung der Nationalgalerie. Berlin 1983/84, S. 7-25

AUFNAHMEN KLAUS WILLEM SITZMANN
BILDTEXTE KONRAD CREUTZ

Es war keine Liebe auf den ersten Blick! Hier das vom Kunstsinn geprägte Dresden – da, im Süden, man konnte es von den Anhöhen sehen, eine merkwürdig geformte Bergwelt. Von dort wurde zwar auf der Elbe Holz aus den Wäldern herangebracht und der Stein, mit dem das barocke Gesicht der Stadt gestaltet wurde. Aber noch nicht einmal einen richtigen Namen hatte man diesem teils unwegsamen Gebiet gegeben. Künstler schufen den Brückenschlag, als sie diese Landschaft für ihre Studien, ihre Gemälde entdeckten. Dichter und Komponisten bekamen hier mancherlei Anregungen. Mit seiner Felsenwelt, den Wäldern und Tälern, den weitreichenden Aussichten und dem geheimnisvoll verschleiernden Nebel kam dieses Gebiet in seiner Vielfalt romantischen Empfindungen sehr entgegen. Ob die seit 1766 in Dresden tätigen Maler Anton Graff und Adrian Zingg sich an ihre Schweizer Heimat erinnert fühlten und den Begriff »Sächsische Schweiz« prägten, der uns 1783 erstmals begegnet? Und heute? Der Dresdner kennt und liebt seine Schweiz. Und Scharen von Reisenden verbinden seitdem beides: die Kultur Dresdens und die vielfältige Schönheit des Elbsandsteingebirges.

Auf dem Malerweg

Vom Liebethaler Grund über Lohmen zum Uttewalder Felsentor

Wie bei einer Ouvertüre begegnet der Wanderer im Liebethaler Grund all den Motiven, die ihn später in immer neuer Abwandlung begleiten: Sandstein in schroffen Wänden und bemoosten Blöcken, die formende Urgewalt des Wassers, den Schauder der Tiefe, aber auch dem Werk des Menschen, der dieses Land nutzte und prägte. Kräuter und Sträucher überziehen neu die alten Steinbruchhalden und bilden den farblichen Kontrast. Als man sich noch durch Wandern die Gegend erobern musste, führte durch diesen Grund die einst sehr beliebte Route der Annäherung.

Ehemalige Steinbrüche im Liebethaler Grund

Von einer nüchterneren Nutzung der Kraft des Flusses erzählen heute verfallende Mühlen und Stromwerke. Wer diese dumpfe Hinfälligkeit gar bei trübem Wetter erlebt, wird die Gefühlswelt der Romantiker verstehen.

Starkes Gefälle lässt die wasserreiche Wesenitz tosend über Steine springen. Ein Glitzern und Gurgeln, der Schaum und sich wandelnde Spiegelungen – muss man da nicht einfach stehenbleiben und sich Geschichten erzählen lassen?

Die Wesenitz im Liebethaler Grund

Richard Wagner arbeitete 1846 im nahen Graupa an seinem »Lohengrin«. In dieser Zeit weilte er oft in diesem Tal und der Lochmühle. Das Denkmal wurde von Richard Guhr 1913 entworfen und 1928 aufgestellt.

Wagner-Denkmal im Liebethaler Grund

Im Liebethaler Grund

20 Lohmen, Altes Schloss

Auf steilem Felsen über der Wesenitz ist das schlichte Alte Schloss von Lohmen errichtet. Aufwändige Sanierungsarbeiten müssen den drohenden Absturz verhindern.
Als Ritters- und Amtssitz hat es eine wechselvolle Geschichte erlebt. Besondere Bedeutung für die Region gewann die dazugehörige Schäferei.

Die wilde Buntheit des Blumengartens, der bröckelnde Putz eines alten Fachwerkhauses – sie haben ihren eigenen Reiz im Gegensatz zu der nüchternen Geradlinigkeit und Kahlheit »moderner« Gestaltungen.

Der Ortsname Lohmen deutet auf die Steinbrecherei schon in einer Zeit, bevor deutsche Siedler dieses langgestreckte Reihendorf anlegten. Die einigermaßen ebene Flur mit ihren Lößlehmböden verhalf den Bauern zu einigem Wohlstand. Davon zeugen eine Reihe stattlicher Hofanlagen. Die in ihrer Schlichtheit im Inneren beeindruckende Kirche ist dem Gedankengut George Bährs, des Baumeisters der Dresdner Frauenkirche, verpflichtet.

In Oberlohmen · Bauernhof in Lohmen

Das Tal eines kleinen Baches können wir noch erahnen. Wer aber glaubt, dass vor uns die Elbe tiefeingeschnitten in großem Bogen um den Rauenstein und die Bärensteine fließt?

Nur die ebenen Flächen können landwirtschaftlich genutzt werden. Dadurch ergibt sich ein reizvoller Wechsel von Feld und Wald, von Wiesen und Buschgruppen. Schon nach wenigen Metern ergeben sich neue Ausblicke.

Auf dem Weg zum Hanke-Steinbruch

Der aufgelassene Hanke-Steinbruch wurde 1983 als einer der wenigen Betriebe wieder eröffnet. Eine Bedingung war, dass der Eingriff, der das Landschaftsbild beeinträchtigt, weitgehend den Blicken entzogen bleibt. Der zurückhaltende Abbau erfolgt durch etagenweises Absprengen großer Blöcke.

Bei Sommertreffen gestalten Bildhauer hier ihre Figuren.

Schon seit 1899 wurden die Brüche, die im Staatsbesitz waren oder die Heimatschutzverbände erworben hatten, stillgelegt, um einer weitergehenden Zerstörung der Landschaft zu wehren. Für die Anlage eines Lehrpfades wurde zurückgelassenes Material geborgen.

Die alten Steinbruchgebäude verfallen. Jungwald erobert sich die Halden. Schon seit den 20er Jahren des 20. Jahrhunderts hat es Künstler in die nicht mehr genutzten Gebäude gezogen, so etwa Paul Cassel und Elfriede Lohse-Wächter.

Ein Wegstein des Lehrpfades wurde als Modell so gestaltet, dass an ihm die Abbautechnik vergangener Zeiten anschaulich wird: Eine Wand wurde ausgehöhlt. Sie stand auf Stempel oder Pfeiler gestützt, bis die zu schwer gewordene Last die Wand kommen ließ. Eine lebensgefährliche Arbeit!

Eines der urigsten Täler der Sächsischen Schweiz ist der Uttewalder Grund. Er ist reich an Moosen und Farnen. Man staunt über den Lebenswillen der Bäume. Der aufmerksame Beobachter findet Hinweise auf erdgeschichtliche Vorgänge: die waagerechten Ablagerungsschichten des Meeres der Kreidezeit, die senkrechten Spalten, die auf spätere Erdbewegungen zurückgehen. Wasser, Frost und Wurzeln dringen darin ein und sprengen Blöcke ab. Einige besonders große verklemmten sich im engen Tal und bilden das berühmt gewordene Felsentor.

Wer ein wenig Phantasie hat, entdeckt an solchen Gebilden den Stoff, aus dem Märchen entstehen: skurrile Formen, Wirkliches und Scheinwelten, Licht und Schatten, Farben in allen Abstufungen.

34   Das Felsentor im Uttewalder Grund

Über Rathewalde und den Amselfall in das Gebiet der Bastei

Die Basteibrücke

Die ersten Reisenden waren gut beraten, sich einem Fremdenführer anzuvertrauen, Einheimische, die die Wege kannten und so manche Geschichte zu erzählen wussten – und dabei das Gepäck und manchmal auch den Gast trugen. Heute durchzieht ein weitgefächertes und gut beschildertes Wanderwegenetz die Sächsische Schweiz.

Der sandige Boden ist ständig in Bewegung. Was die Wurzeln nicht festhalten, spült der Regen weg. Oft bleibt den Pflanzen nur wenig Erdreich. – Welche Unvernunft, wenn Menschen den Weg verlassen und auf diese Weise die Abtragung vorantreiben!

Vor etwa einhundertdreißig Millionen Jahren, in der Kreidezeit, hätten wir hier über eine einzige große Wasserfläche geblickt. Dieses Meer lagerte in mal feineren, mal gröberen Schichten Sand ab.

Später begann das zurückweichende Wasser bis hin zu den Schmelzwassern der Eiszeit diese Sandsteinplatte zu formen. Härtlinge hielten stand, die Ebenheiten bildeten sich, Täler gruben sich ein.

Wir gerieten ins Nachdenken über den Faktor »Zeit«, über kleine und stete Schritte, die schließlich Großes bewirken. Der Frieden über dem weiten Land bringt uns zur Ruhe.

Oberhalb von Rathewalde

40 Der Grünbach im Amselgrund

Friedlich sucht der Grünbach seinen Weg. Kleine Hindernisse überspielt er, den größeren weicht er aus, eben ganz natürlich.

Der Bach hat ein Steilstück zu überwinden. Der Wanderer ist auch heute noch begeistert, wenn das gestaute Wasser durch eine bedienbare kleine Wehrschütze freigegeben wird und als »Amselfall« herabstürzt. Dabei sind die im Sonnenlicht funkelnden Perlenketten des rieselnden Wassers genauso schön.

Der Amselfall

So still ist es hier selten. Der 1934 für den Gondelbetrieb angelegte Amselsee hat mit seinen Spiegelungen aber auch durch den freien Blick auf Klettergipfel etwas Besonderes. Es braucht nicht viel Phantasie, um auf deren Namen zu kommen: Bienenkorb, Lokomotive, Lamm.

Der Bergbegeisterte findet hier weit über tausend Gipfel, die in unterschiedlichsten Schwierigkeitsgraden erstiegen werden können. Die besonderen sächsischen Kletterregeln fördern den Mut, das Können und die Kameradschaft und sind darauf angelegt, den Fels zu schonen.

Der Amselsee mit der Lokomotive

Die Auswaschungen durch das eiszeitliche Schmelzwasser, Wind und Wetter, aber auch chemische Vorgänge haben im Rathener Gebiet einen großen Kessel entstehen lassen, der in kleinere Gründe ausläuft. Fachleute sprechen von einer »Ausräumungslandschaft«.
An den Felsriffen Große und Kleine Gans, Honig- und Feldsteine, kann man diese fortschreitende Auflösung gut nachvollziehen. Die Veränderungen durch Licht und Schatten, die jahreszeitlichen Färbungen oder durch den Nebel locken mit stets neuen Entdeckungen zu wiederholtem Besuch.

Über dem Wehlgrund

Türme im Wehlgrund

Der »Mönch« hat den Überblick. Gibt er dem »Talwächter« vor den Honigsteinen oder der »Nonne« auf der anderen Elbseite Zeichen? Tatsächlich hatte hier im Mittelalter ein Wachtposten der Felsenburg Neurathen seinen Stand. Seit 1897 krönt die Wetterfahne in Gestalt eines segnenden Mönchs den Kletterfelsen.

Der Mönch

Auf dem Ferdinandstein ist man der zerklüfteten Welt der Türme, Nadeln und Köpfe im Wehlgrund ganz nah. Bei solchem Tiefblick befällt auch den modernen Menschen noch der Schauder.

Die Kleine Gans

Türme im Wehlgrund

Die tiefen Einschnitte der Mardertelle wurden schon im Mittelalter für einen Zugang zum Neurathen überbrückt. Der wachsende Zustrom von Reisenden zur berühmt gewordenen Bastei veranlasste den Bau einer hölzernen Brücke, die aber 1851 durch eine steinerne abgelöst wurde.

Im zerklüfteten Bereich und durch steil abfallende Wände geschützt, befand sich die Burganlage Neurathen. Die heutigen Kletterfelsen Mönch, Felsentor, Steinschleuder gehörten dazu. Bei den unwirtlichen Lebensbedingungen war an Ritterromantik nicht zu denken. Durch Grabungen sind viele Spuren freigelegt worden. Heute gibt es einen Rundgang, bei dem eiserne Brücken über schwindelerregende Schlüchte führen, wo einst die Wehrgänge verliefen. In Verbindung zu dieser Burg steht der Altrathen. Er ist kleiner und liegt näher zur Elbe. Im Gegensatz zur Felsenburg Neurathen ist diese Anlage weniger bekannt. Seine Schutz- und Wachfunktion für den Verkehr auf der Elbe liegt aber nahe.

Der Neurathen mit dem Felsentor

Die Reiseführer der beiden Pastoren Carl Heinrich Nicolai und Wilhelm Lebrecht Götzinger enthalten auch heute noch eine Fülle von Informationen und regen an, bei Wanderungen die Besonderheiten aufmerksam wahrzunehmen. Beide halfen damit entscheidend bei der Entdeckung unserer Gegend. Götzinger verstand es zudem, mit gefühlvollen Worten zum Schwärmen einzuladen, eine fremd gewordene Kunst.

58 Gedenktafeln an der Basteibrücke

Die steilen Flanken von Sieberturm und Steinschleuder

Zunächst gelangte man zur Bastei von Rathen aus nur über einen beschwerlichen Stufenweg. Der Bau der Brücke erleichterte dann den Zugang. Der einmalige Ausblick von der Felsnase hoch über der Elbe auf den Strom, die Felsenwelt in der Nähe und die Berge in weiter Ferne ließ die Bastei bereits zu Beginn des 18. Jahrhunderts zum bekanntesten und beliebtesten Aussichtspunkt werden.

Zu Zeiten des Ansturms auf die großartige Aussicht wird es aber auch manchen geben, der sich nach stillen Gründen, einsamen Wegen oder nach Fernblicken sehnt, die er allein in Ruhe genießen kann.

Blick von der Bastei elbaufwärts

Der berühmte Basteiblick elbaufwärts ist zu jeder Jahreszeit unvergleichlich schön.

Blick von der Bastei elbaufwärts

Aber auch elbabwärts ist die Aussicht nicht weniger reizvoll.

Blick von der Bastei elbabwärts

Blick von der Bastei elbabwärts

Im November 2000 gab es am Wartturm einen Felssturz. Wohl mancher Bergsteiger war danach sehr erschrocken, an welch dünner »Außenhaut« er sich bis dahin emporbewegt hatte. Die Auflösung im Inneren des Felsens in feinsten Sand war sehr weit fortgeschritten. Trotzdem ist er weiter ein beliebter Kletterfelsen.

Im engen Elbtal gab es seit alter Zeit nur die Schifffahrt als durchgehenden Verkehrsweg, ehe 1851 die Eisenbahnlinie zwischen Pirna und dem böhmischen Bodenbach eröffnet wurde.

Schon sehr zeitig wurde die neu entdeckte Dampfkraft auf dem Wasser genutzt. Wie Miniaturen auf einer Modellbahnplatte nehmen sich die Schiffe und Boote von hier oben aus.

68 Die Elbe unterhalb der Bastei

Neben der Arbeit in den Steinbrüchen lebte man im Tal vom Fischfang, der Schifffahrt und dem Schiffbau. Große Flöße brachten das Holz zu den Städten Pirna, Dresden und Meißen. Der Transport der gebrochenen Steine wurde durch die Verladung auf Zillen wesentlich erleichtert. Elbabwärts ließ man die Boote mit der Strömung treiben. Flussauf nutzte man den Wind durch Segel oder »Bomätscher« zogen die Schiffe. Für diese wurden Treidelpfade angelegt.

Das erste Dampfschiff mit Seitenradantrieb fuhr 1837 von Dresden nach Rathen. Die Reise mit einem der alten Dampfschiffe ist immer noch ein besonderes Erlebnis. Begleitet vom rhythmischen Einschlagen der Schaufelräder ins Wasser gleiten langsam die Schönheiten des Tales mit seinen Wänden vorüber. Aber auch ein Blick auf die Maschinen im Schiffsinneren mit ihrem blanken Messing und ihren rotierenden Bewegungen lässt das Herz höher schlagen. Ein Hauch alter Zeit!

Auf dem Weg von Rathen schauen wir zurück. Zierlich wirken die Felsgruppen, die das Bild rahmen. Zugleich erscheinen sie jedoch wie Kulissen eines groß angelegten Theaterraumes.

Der große Elbbogen bei Rathen

74 Lilienstein und Gamrig von der Ziegenrückenstraße aus

So schmal wie ein Ziegenrücken ist ein Grat, über den eine wichtige Verbindung läuft. Welche Gegensätze: Auf der einen Seite senkrecht ins enge Polenztal fallende Wände und gegenüber die waldreiche Weitung des Rathener Kessels. Ob die Menschen, die im Sommer 1813 diese Straße zwischen Stolpen und der Elbquerung bei Königstein ausbauen mussten, einen Blick für diese Eindrücke hatten?

Durchs Polenztal über Hohnstein und Brand nach Bad Schandau

Die Märzenbecherwiesen im Polenztal sind ein wertvoller Schatz. Es ist das größte Wildvorkommen dieser Pflanzen in Sachsen. Besondere Schutz- und Pflegemaßnahmen helfen den Beständen, sich wieder zu erholen, nachdem sie jahrzehntelang durch Beweidung und Befahrung belastet und gefährdet waren. Wasseramsel und Gebirgsstelze finden am Bach genügend Nahrung.

Im Polenztal

Im Polenztal

Auf hohem Stein – Hohnstein. Die Burg war im Mittelalter Sitz böhmischer Lehnsherren. Sie kam 1443 durch Tausch an Sachsen und wurde sächsischen Adligen übergeben. Nach erneutem Tausch (1543 gegen Zschillen, das seitdem Wechselburg heißt) wurde sie Mittelpunkt des sächsischen Amtes Hohnstein. Hierher kam der Kurfürst zur Jagd. Hier mussten Frondienste geleistet werden. Hier gab es aber auch neben dem Gericht das Gefängnis. Der alte Spottvers »Kommst du aus Hohnstein ungesessen…« erfuhr seine schlimme Bestätigung durch eine hier später untergebrachte Erziehungsanstalt und das 1933 eingerichtete Konzentrationslager.

84 Hohnstein, Burghof

Von der ältesten Burganlage, die erstmals Anfang des 14. Jahrhunderts erwähnt wurde, ist nur wenig erhalten geblieben. Bei den vielen baulichen Veränderungen entschied oft der Nutzungszweck vor einer stilgerechten, einfühlsamen Erhaltung. Verbliebene Ruinen wurden aus Sicherheitsgründen abgerissen. Das kann man von der um 1950 abgerissenen gotischen Kapelle nicht sagen.

Zwischen 1925 und 1933 entwickelte sich die Burg zur größten Jugendherberge in Deutschland. Erst 1949 konnte sie wieder für die Jugend und die Naturfreunde geöffnet werden.

Hohnstein, Jagdkammer

Im Bärengarten unterhalb der Burg wurden Bären für Tierhetzen im Schlosshof und auf dem Altmarkt in Dresden gehalten. Das Gehege aus Sandsteinmauern war 1609 errichtet worden und wurde bis 1756 genutzt.

Über dem Polenztal befindet sich der Brand mit seiner Gaststätte. Die Aussicht dort ist nicht ganz so spektakulär und berühmt wie die der Bastei. Es fehlt der Tiefblick auf die Elbe und die zerklüfteten Felsenpartien. Das wird aber wettgemacht, denn wir können hier die sich friedlich vor uns ausbreitende Landschaft in aller Ruhe betrachten. Die Sicht reicht vom Basteigebiet bis zu den Schrammsteinen und dem Großen Winterberg, ins Osterzgebirge und das Böhmische Mittelgebirge.

Die Brandaussicht nach Süden

Wo die Natur sich selbst überlassen wird, entstehen in ständigem Wechsel neue Lebensräume. Auch die »tote« Natur der Steine ist einbezogen in die Gestaltung des Lebens. Wo es nur geht, siedeln sich Moose, Flechten und Farne an. Mancher Sämling schickt seine Wurzeln aus und wächst an, wo wir es kaum für möglich halten.

Bei den Brandstufen

Bei Bad Schandau zweigt eine interessante Eisenbahnnebenstrecke ab. Sie stellte Anschlüsse nach Rumburg, Bautzen und über Stolpen nach Pirna her. Zum Bau des ersten Teilstücks nach Sebnitz in den Jahren 1875 bis 1877 nutzte man die Erfahrungen italienischer Bauleute. Es führt im Sebnitztal durch sieben Tunnel, über zwei Viadukte und 69 größere und kleinere Brücken.

Für Bad Schandau blieb nicht viel Platz zwischen den Hängen und der Elbe. Oft ist dieses Städtchen vom Hochwasser betroffen. Einst wurden hier Waren verladen, die mit dem Schiff von Böhmen kamen und nun mit Wagen über die Hohe Straße in den Schluckenauer Zipfel oder die Lausitz gebracht wurden. Bedeutungsvoll war auch das Recht, mit Salz zu handeln. Auf einem Bindeplatz wurden Baumstämme zu großen Flößen zusammengestellt. Nur zögerlich begann der Bäderbetrieb. Schon um 1700 war ein besonderes Quellwasser entdeckt und untersucht worden, aber erst in der zweiten Hälfte des 19. Jahrhunderts stieg die Zahl der Kurgäste rasch an.

Vieles in Bad Schandau ist ganz dem Stil der Gründerzeit verpflichtet: Schmuckvolle Villen für wohlhabende Kurgäste und der 1904 errichtete Aufzug, der Bewohnern und Gästen den steilen Aufstieg nach Ostrau erspart. Der rührige Hotelier Rudolf Sendig hatte noch weitere und ausgefallene Ideen, um den Fremdenverkehr zu beleben. Dass sie nicht alle umgesetzt werden konnten, ist aus heutiger Sicht nur zu begrüßen.

Bad Schandau, Aufzug

Bad Schandau, Aufzug

Zu Recht wurde den Kurgästen der Besuch des Adamsbergs bei Altendorf empfohlen. Ein weiter Blick lohnt den bequemen Aufstieg. Ausgemacht stimmungsvoll ist es, wenn der Morgendunst noch in den Tälern hängt und nur die Silhouetten der Felsen und Kuppen sich aus den Nebeln herausheben. Nicht weniger eindrucksvoll aber ist, hier zu erleben, wie die untergehende Sonne den Himmel in roter Glut färbt.

Die Schrammsteine · Die Zschirnsteine

Papststein, Gohrisch und Pfaffenstein · Bei Rathmannsdorf

Der kalte Wind bläst von Osten über die Felder. Wie schön wäre es, jetzt warm und geschützt zu sitzen. So aber erleben wir, wie das Schneetreiben stolze Felsen zu Schemen werden lässt.

Schneetreiben am Falkenstein

Entlang der Hohen Straße und zum Kuhstall

Nördlich der Hohen Straße zeigt sich die Landschaft mit einem völlig anderen Gesicht. Kennzeichen für die Ausläufer des Lausitzer Granodiorit-Gebietes sind die bewaldeten Kuppen und die sanften Hänge.

Der Ulbersdorfer Hutberg und der Schönbacher Berg

Die Hintere Sächsische Schweiz verfügt über große Waldreviere. Felsriffe heben sich daraus hervor oder sind kaum auszumachen, je nachdem wie sie vom Sonnenlicht getroffen werden. Mit gutem Grund wird dieser Pfad Panoramaweg genannt. Er führt parallel zur viel befahrenen Hohen Straße.

Der Raumberg

104 Auf dem Wildenstein

»Kuhstall« – das sei doch wohl für diese herrliche »Felsenhalle« eine keinesfalls angemessene Bezeichnung, beschwerte sich Pastor Wilhelm Lebrecht Götzinger. Dabei hält dieser Name Erinnerungen fest. Im 15. Jahrhundert war diese Schichtfugenhöhle in die Burganlage Wildenstein einbezogen. Von dieser sind noch Balkenfalze, Treppenreste und ausgeschlägelte Stellen zu finden. In späteren Kriegszeiten haben sich hier Bauern mit ihrem Vieh versteckt gehalten. – Das Sonnen-Schatten-Spiel und der Ausblick auf die weiten Wälder lassen diese rauen Zeiten bald vergessen sein.

Neuer Wildenstein, Kuhstallhöhle

Felsen am Wildenstein

Nur schauen und schweigen! An solcher Kulisse hat der Mensch in seinem Tatendrang keinen Anteil. Nach Zeiten monotoner Fichtenkulturen nähern sich die Wälder wieder ihrer ursprünglichen Gestalt. Zwischen Hohem Torstein und Falkenstein zeigen sich, schon über die Elbe hinaus, Papststein und Gohrisch.

Vom Neuen Wildenstein

Nach Süden wird die waldreiche Weitung von steilen Wänden begrenzt, die sich riffartig bis hin zu markanten Einzelfelsen auflösen. Für den Naturfreund ergeben sich so ständig neue Blickfänge, der Bergsteiger findet viele Kletterfelsen. Es wird wohl ein Geheimnis bleiben, warum ausgerechnet um diesen Waldgrund herum im Mittelalter für kurze Zeit so auffällig viele Felsenburgen und Warten angelegt wurden. Mitunter sind von diesen Befestigungen Spuren im Fels erhalten.

Die Affensteine mit dem Bloßstock

Mit dem Schnee zieht die große Stille ins Gebirge. Auf den Wegen, sonst häufig begangen, bleiben unsere Spuren lange allein. Aber die Einsamkeit bedrückt nicht. Zur Ruhe gekommen nehmen wir fast Lautloses wahr: Schnee, der glitzernd vom Zweig rieselt, das leise Wispern von Goldhähnchen und Meisen in den Wipfeln. Bleiern ist der sonst munter glucksende Bach.

Der Heulenberg und die Lorenzsteine im Zschand

Einst gab es entlang der Kirnitzsch nur einen schmalen Steig, auf dem die Floßknechte das Holz nach Schandau begleiteten. Von den Dörfern führten Wege zu ihren abgelegenen Mühlen. Die Straße im Kirnitzschtal wurde 1874 fertig. Sie kam dem zunehmenden Fremdenverkehr zugute. Nun wurden Herbergen im Schweizer Stil errichtet. Die Mühlenbesitzer stellten sich verstärkt auf die Bewirtung der Reisenden ein. Seit 1898 verkehrt eine Straßenbahn mit historischen Wagen auf der acht Kilometer langen Strecke zwischen Bad Schandau und dem Lichtenhainer Wasserfall.

Das Kirnitzschtal beim Lichtenhainer Wasserfall

Was mag den Bauern bewogen haben,
seinen Feldweg zu sperren?
Waren ihm die Fremden einfach zu viel?

An der Hohen Straße bei Hertigswalde

Die Hohe Straße ist eine uralte Verbindung zwischen der Elbe, dem Schluckenauer Gebiet und der Lausitz. Man wählte damals den Weg über die Höhen. Das gab nicht nur einen besseren Schutz vor Überfällen, sondern man konnte so auch die oft versumpften Täler meiden. Hier ist noch ein Wegstück in seiner Ursprünglichkeit erhalten. Wieviel Gespanne sind hier wohl entlanggefahren?

Die Hohe Straße bei Hertigswalde

Ums Schrammtor und zur Kipphornaussicht

Ein solcher Anblick lässt verstehen, wie die
Sächsische »Schweiz« zu ihrem Namen kam.

116   Der Falkenstein

Stolz ragt der Falkenstein vor uns auf. Die Weitsicht von seinem Gipfel wurde im Mittelalter für einen Wachtposten genutzt. Davon künden noch heute in den Fels gehauene Stufen und Balkenfalze. 1864 sahen sich Turner aus Schandau von seinen 80 Meter hohen Wänden herausgefordert. Obwohl sie mit technischen Hilfsmitteln den Gipfel erreichten, was nach heutigen Regeln konsequent abgelehnt wird, zählt dies als die Geburtsstunde des Felskletterns im Elbsandsteingebirge. Das Bild dieses Felsens gehört zum Signet des Sächsischen Bergsteigerbundes.

So nagt der Zahn der Zeit und gestaltet seine Bilder. Unsere Phantasie darf ebenso spielen wie es die Natur tut.

Einst waren die Schrammsteine mit dem Falkenstein verbunden. Die fortschreitende Verwitterung ist nun aber auch an der Gruppe der Torsteine zu sehen. Diese Felsen sind jetzt der westliche Abschluss der Schrammsteine. Ein Einschnitt, das Große Schrammtor, ermöglicht das Durchschreiten dieser Kette großartiger Felstürme. Es ist kaum zu fassen, dass diese steilen Fluchten und merkwürdig geformten Gebilde nur aus dem feinen Sand bestehen sollen, über den wir dahinwandern. Und wie erleben wir die Schattenbilder, die die Sonne an die Wände malt?

Im Schrammtor

Hier wird viel erzählt von der Schönheit der Vergänglichkeit. Licht, Formen und Farben in stets neuen Bildern! Wir erinnern uns an die langen Zeiträume, in denen unauffällige aber stete Kräfte zu Schichtungen und Zerklüftungen führten, wo Wind und Wasser ihre Feinarbeit fortsetzen. Neben sie treten vergleichsweise rascher arbeitende »Gestalter«: Austretendes Alaun bewirkt Ausblühungen und Abplatzungen. Die wabenartigen Verhärtungen entstehen durch Gipsbildung.

Herbstliches im Schrammtorgebiet

Herbstliches im Schrammtorgebiet

Von der Schrammsteinaussicht schauen wir nicht nur auf die Kette der Torsteine, sondern weit über die Sächsische Schweiz hinaus. Um den Aufstieg dahin etwas zu erleichtern, vor allem aber um das Gelände zu schützen, wurden drei größere Steige mit Stufen und Leitern angelegt.

Ein schmaler Pfad, auf dem Bergsteiger zum Einstieg ihrer Kletterwege gelangen, zeigt wie wenig Halt die bodendeckenden Pflanzen in dem lockeren Sand finden.

Der Jägersteig

Ein grimmiger Wächter, der den Weg versperrt? Oder eine in Gedanken versunkene Gestalt? – eine Deutung bleibt jedem überlassen.

Der Blick schweift über die Schrammsteinkette. Aus den linkselbischen großen und fruchtbaren Ebenheiten heben sich die Tafelberge mit ihrer charakteristischen Form. Zu ihnen gehört auch der Lilienstein, denn einst flossen die Wasser östlich von ihm.
Aus der Tiefe blinkt das Silberband der Elbe. Ihre großen Bögen kann man kaum ahnen.

Kipphornaussicht nach Norden

Im Tertiär, vor etwa sechzig Millionen Jahren, durchbrachen Vulkane an vielen Stellen die Sandsteinplatte. Aus einem entstand der 556 Meter hohe Große Winterberg, an dessen Südflanke sich nach schroffem Absturz eine weite Landschaft öffnet. Die vielen typischen Kegelberge, oft auch die Kuppen des Böhmischen Mittelgebirges sind ebenfalls Zeugen dieser unruhigen Zeit der Erdgeschichte.

Kipphornaussicht nach Süden

Die Schrammsteine über den Postelwitzer und Schmilkaer Steinbrüchen

Von Herrnskretschen durch die Edmundsklamm zum Prebischtor

Herrnskretschen, der »Kretscham (Gasthof) an der Grenze«, liegt an der Mündung der Kamnitz. Schon früh hat die Familie des Fürsten Clary die Bedeutung dieses Ortes für den Tourismus erkannt und gefördert. Hotels wurden gebaut, Aussichtspunkte und Wanderwege angelegt.

Auf der angestauten Kamnitz richtete man einige romantische Kahnfahrten ein. Die Namen Stille und Wilde Klamm verraten, was den Gast erwartet.

140 Felsgruppe über der Stillen Klamm

In der Stillen Klamm

Die Kletterfelsen Einser (Großer Prebischkegel) und Zuckerhut sind – unschwer zu erkennen – nach ihrer Gestalt benannt.

Der Einser · Die Flügelwände

Der Zuckerhut

Der Nationalpark Böhmische Schweiz und das angrenzende Landschaftsschutzgebiet Elbtal wollen mit dem Nationalpark und der Nationalparkregion auf der sächsischen Seite das gesamte Elbsandsteingebiet in seiner Einzigartigkeit bewahren. In Kernzonen mit strikter Ruhigstellung soll sich die Natur wieder ungestört in ihren ursprünglichen Zustand zurückentwickeln können.

Ein schmaler Sporn zwischen den Flügel- und den Silberwänden ist durchbrochen und bildet eindrucksvoll das größte Felsentor Europas. Aber was sagen hier Superlative oder rationale Erklärungen über seine Entstehung schon aus! Nehmen wir lieber in stillem Betrachten dieses grandiose Bild in uns auf.
Nur zu gut verstehen wir, warum uns das Prebischtor im Signet des Böhmischen Nationalparks wieder begegnet.

150 Das Prebischtor von Osten

Hinter dem Kleinen Prebischkegel entdecken wir in der Ferne die beiden Zschirnsteine und davor den Zirkelstein und die Kaiserkrone auf der Schönaer Ebenheit.

Das Prebischtor von Westen · Der Kleine Prebischkegel

Von den bezaubernden Flecken noch tief beeindruckt, holt uns hier unsere unruhige Welt wieder ein, denn bei Herrnskretschen drängt sich auf engem Raum aller Verkehr zusammen: eine vielbefahrene Straße, die Eisenbahnstrecke, der Personen- und Frachtverkehr auf der Elbe. Und doch sind auch hier Stimmungen einzufangen. Die Schweizreisenden vergangener Zeiten ließen sich von hier oder von Schmilka in kleinen Nachen elbabwärts treiben und damit ihren Tag ausklingen.

Bei Herrnskretschen

Vom Hohen Schneeberg und Impressionen aus der Luft

Der Lilienstein

154 Die beiden Zschirnsteine

Ein frühmorgendlicher Ausflug führt auf den Hohen Schneeberg. Mit 723 Meter Höhe ist er die höchste Erhebung im Elbsandsteingebiet. Wie die Bilder ahnen lassen, bietet er auch in anderer Weise einen Höhepunkt.
Flach liegen die beiden Zschirnsteine über einem ausgedehnten Waldgebiet.

Hoher Schneeberg, die Dresdner Aussicht

Prägend für das Böhmische Mittelgebirge sind seine vielen und oft steilen Kuppen, Zeugnisse eines intensiven Vulkanismus im Tertiär. Stimmungsvoll heben sie sich aus dem Nebel, der noch in den Tälern hängt.

Der Hopfenberg bei Tetschen und der Rosenkamm bei Aussig

Nur mühsam holt sich der Hohe Schneeberg seinen Wald zurück, nachdem seine Bäume Opfer von Rauchschäden geworden waren. Merkwürdige Wuchsformen, bedingt durch das raue Wetter und die kargen Bodenverhältnisse, und Bruchschäden bilden zumal bei Nebel einen richtigen Geisterwald.

160 Der Hopfenberg bei Tetschen

Wilhelmine Reichard aus Freital bei Dresden war 1811 als erste Deutsche mit einem Ballon aufgestiegen. Ihre wagemutige Fahrt endete mit einer Notlandung in den Baumwipfeln des Wachbergs bei Saupsdorf. Pfarrer Götzinger bemerkte dazu lakonisch: »Auf diese Art wird wohl niemand mehr in die Sächsische Schweiz reisen.« Wie wahr, ist sie doch erwandert immer noch am besten zu entdecken und zu erleben! Und doch fangen die Fotos aus der Luft, aufgenommen beim heranziehenden Abend, Eindrücke so ein, als wären es Werke romantischer oder impressionistischer Maler.

Um den Rosenberg · Der Lilienstein wirft seinen Schatten bis nach Waltersdorf

Der Große Winterberg mit den Silberwänden

164 Der Papststein mit der Hunskirche

Die Steine.
Zwischen Kaiserkrone und Rauenstein

Der Lilienstein

Von der Kaiserkrone schauen wir über das tiefeingeschnittene Tal der Elbe zum Rosenberg. In der Ferne erkennen wir die Berge des Kreibitzer Gebirges um den Kaltenberg.

Die Fähre bei Schmilka

Auch auf dem Rauschenstein befand sich einst eine Burgwarte zur Kontrolle der Elbe. Der Anflug von Schnee zeichnet die Schichten, Risse und Blockbildungen nach und nimmt damit etwas von der sonstigen Schroffheit der Felsen. Die stehen wie etwas abgegriffene Figuren eines Spiels von Riesen im Hangwald.

Lange Zeit hieß dieser kleine Rest eines Tafelberges der »Kahlstein«, denn er war unbewaldet. Seine Gipfelblöcke wirkten von fern wie die Zacken einer Krone. So kam er zu dem Namen »Kaiserkrone«.

Der wuchtige Falkenstein beherrscht den Zugang zur hinteren Sächsischen Schweiz. Auf der Hohen Liebe gedenken die Bergsteiger am Totensonntag ihrer verstorbenen Kameraden.

Der Falkenstein und die Hohe Liebe

Über dem Elbtal liegt die langgezogene zerklüftete (»zerschrammte«) Kette der Schrammsteine vor uns. Sehr gut ist der etagenartige Aufbau der Sandsteinschichten in ihrer unterschiedlichen Mächtigkeit und Festigkeit zu beobachten. Hell heben sich davor die schon seit geraumer Zeit stillgelegten Brüche ab.

Der Rauschenstein · Die Torsteinkette

Die Tafelberge, inselartige Reste der einstigen großen Sandsteinplatte, werden zusammenfassend auch »die Steine« genannt, im Unterschied dazu hängte man bei den Erhebungen, die auf vulkanische Tätigkeit zurückgingen, ein »-berg« an. Die Urelbe, die oft ihren Lauf änderte, aber auch die Eiszeit formten die Ebenheiten. Um die fruchtbare Lößlehmdecke für den Acker bestens zu nützen, legte man die Dörfer an den Talrändern kleiner Bäche an. Der Landbesitz lag hinter den Höfen, daher Hufen genannt, in Streifen nebeneinander, was teilweise noch zu erkennen ist.

Der Zirkelstein ist der kleinste der Tafelberge. Der Wald zu seinen Füßen markiert die abgebrochenen und verrollten Felsstücke, den diese Berge kennzeichnenden Schuttkegel.

Der Zirkelstein

Der Lilienstein hat viele Gesichter und ist doch sofort erkennbar. Was von fern wie ein einziger wuchtiger Felsen aussieht, zeigt sich von Nahem zerrissen und aufgelöst. Respektvoll macht die Elbe jetzt einen weiten Bogen um ihn, hat aber diesen Tafelberg damit einfach auf ihr rechtes Ufer verlegt.

Schauen wir hinauf zu dem Denkmal eines huldvoll herabblickenden Reiters?

Der Lilienstein, Westkante

Diese Gegensätze: das dunkle Massiv und der Austrieb einer Pappel! Es wird vermutet, dass die Vorläufer der Pappeln, die heute eine auffällige Baumreihe unter dem Lilienstein bilden, in der Zeit des französischen Kaisers Napoleon Bonaparte gepflanzt wurden. Schließlich ist diese Pappelart im südlichen Frankreich beheimatet und Napoleons Soldaten legten diese Straße ja 1813 an …

Der Lilienstein ist in der Sächsischen Schweiz fast von überall zu sehen. Viele Geschichten, deren Aufzählung neugierig machen soll, verbinden sich mit ihm: Ein unermesslicher Schatz sei in ihm verborgen. – Im Mittelalter trug auch er eine Burganlage. – Ein König erklomm ihn und ließ deshalb ein Denkmal setzen. – Er wurde im Spiel verloren, aber als Spielgewinn nicht abgeholt. – Zu seinen Füßen musste sich 1756 die gesamte sächsische Armee den Preußen ergeben. – Von hier gelang die Wiedereinbürgerung des Wanderfalken. – Abwegige Ideen scheiterten bisher am wachsamen Protest der Heimatliebenden.

Der Lilienstein 177

Von Pirna kommend nähern wir uns über eine weite Ebenheit der Festung Königstein. So friedlich und idyllisch aber war es nicht immer, denn hier fand bei dem Rückzug der napoleonischen Truppen 1813 ein äußerst blutiges und verlustreiches Gefecht statt. 14.000 russische Soldaten standen unter der Leitung des Herzogs Eugen von Württemberg einer dreifachen französischen Übermacht entgegen.

1241 wurde ein Vertrag auf des »Königs Stein« unterzeichnet. Die damalige Burg im Besitz des böhmischen Königs wurde später immer weiter ausgebaut. Schließlich trug der ganze Fels eine Mauerkrone mit

Über die Struppener Ebenheit

vielen darin eingebauten Kasematten. Der Zugang wurde raffiniert gesichert. Ein Brunnen von 152 Meter Tiefe sorgte für das nötige Wasser. Es gab eine eigene Kirche mit Friedhof.

Aber der Königstein war nicht nur die uneinnehmbare Festung. Hier feierte der Dresdner Hof. Hier wurden in bedrohlichen Zeiten die Dresdner Schätze und Archive gesichert. Hier wurden aber auch Staatsgefangene verwahrt. Einer der bekanntesten war Johann Friedrich Böttger, der hier auf alchemistische Weise nach Gold suchte und dabei später das europäische Porzellan erfand.

Festung Königstein, die Georgenburg

180 Festung Königstein, unter der Georgenburg

Im Abendlicht wirft eine der Kanonenbasteien ihre Schatten.

Der Wachtposten unter der Georgenburg hatte gute Sicht vom Bogen der Elbe um den Lilienstein bis hin zum fernen Raum um Dresden.

Festung Königstein, Georgenburg

Betrachtet man das Mauerwerk von unten genauer, kann man die Leistung der Bauleute nicht hoch genug bewundern. Selbst die kleinsten Klüfte wurden mit Stein geschlossen. Nur ein einziges Mal wurde diese Festung erobert. 1848 kletterte der Schornsteinfegergeselle Sebastian Abratzky an der Südseite über die Mauerkrone, wo ihn die Posten wegen „Festungsstürmerei" sofort arretierten.

182   Die Festung Königstein von der Stadt aus

Der 1969 errichtete weiße Feuerwachtturm ist das Erkennungszeichen des aussichtsreichen Papststeins. Dieser ist nach dem Ort Papstdorf genannt, wobei »Papst-« vermutlich eine Verstümmelung des Namens des Ortsgründers ist. Bei dem nahen Pfaffendorf und Pfaffenstein fällt die Namenserklärung leichter. Die Zinsen dieses Dorfes gingen an den Geistlichen von Königstein.

Der Papststein

184 Die Große Hunskirche am Papststein

Der Flurname »Huns-/Hunds-kirche« kommt in der Sächsischen Schweiz oft vor. Er geht auf die Besiedlungszeit zurück und bedeutet soviel wie »hohe Spitze«. An der Großen Hunskirche erleben wir Bergsteiger. In Sachsen haben sich dafür eigene Regeln durchgesetzt: Verzicht auf jegliche technische Hilfsmittel (Leitern, Klemmkeile, Magnesia). Seile und eingeschlagene Ringe werden nur zur Sicherung benutzt.

Kletterer an der Großen Hunskirche · Rast auf dem Papststein

Auf dem Pfaffenstein hat man Funde aus der Bronzezeit gemacht. Eine Wallanlage diente damals der Absicherung. Bekannter aber ist dieser Berg durch seine »Barbarine«, eine schlanke, hohe Felsnadel.

186   Der Pfaffenstein

Von der schlanken Barbarine erzählt die Sage so: Eigentlich sei sie ein verzaubertes Mädchen. Statt in die Kirche zu gehen, wie die Mutter es geheißen, sei das Mädchen namens Barbara in die Heidelbeeren gegangen. Dabei wurde sie von der Mutter ertappt. Deren im Zorn ausgesprochene Verwünschung ging sofort in Erfüllung. Seitdem sind der Förster und die Barbarine über den rauschenden Wäldern im Gespräch, im Schweigen – wer weiß ...

Als Kletterfelsen war die achtzig Meter hohe Barbarine verständlicherweise sehr begehrt. Nach Blitzeinschlägen und mit fortschreitender Verwitterung drohte der Einsturz. Der Gipfelkopf wurde gesichert und verfestigt. Seit 1975 besteht Kletterverbot. Nun wird sie nur noch zu gelegentlichen Inspektionen und Sanierungsarbeiten bestiegen, die der Erhaltung dieses Naturdenkmals dienen.

Die Barbarine und der Förster

Die Barbarine am Pfaffenstein

Ein Bauer legte 1869 mit dem Umbau seines Gehöftes zum Quartier für Sommerfrischler den Grundstein für die sprunghafte Entwicklung des ärmlichen Bauerndorfes Gohrisch zum ersten Luftkurort der Sächsischen Schweiz. Villen und Pensionen prägen seitdem den Ort.

Zwischen dem Königstein und dem Lilienstein innerhalb eines großen Bogens der Elbe liegen die Bärensteine und der Rauenstein.

Vom Pfaffenstein

Weg zum Rauenstein

Der Rauenstein, ein langgestrecktes, zerteiltes Felsgebilde, liegt sozusagen »im Parterre des Amphitheaters Sächsische Schweiz« (Prof. Richard Vogel). Hier hat man nicht nur eine prächtige Aussicht, sondern man kann noch einmal alle Elemente beobachten, die dieses Land gestalteten.

Und wieder: der Lilienstein

Im Wald unter dem Rauenstein

Naturspiel. Romantisch. Schön. Bizarr.

Licht, Erdkräfte, jahreszeitlicher Wechsel, Werden und Vergehen, Wasser und Chemie verändern, was wir sehen, in immer neuem Spiel. Vor uns entstehen Bilder, die zum Schwärmen oder zu stillem Träumen einladen. Enge und Weite, Vielschichtigkeit und Vergänglichkeit – Sinnbilder des Lebens einer Landschaft, aber auch des eigenen ...

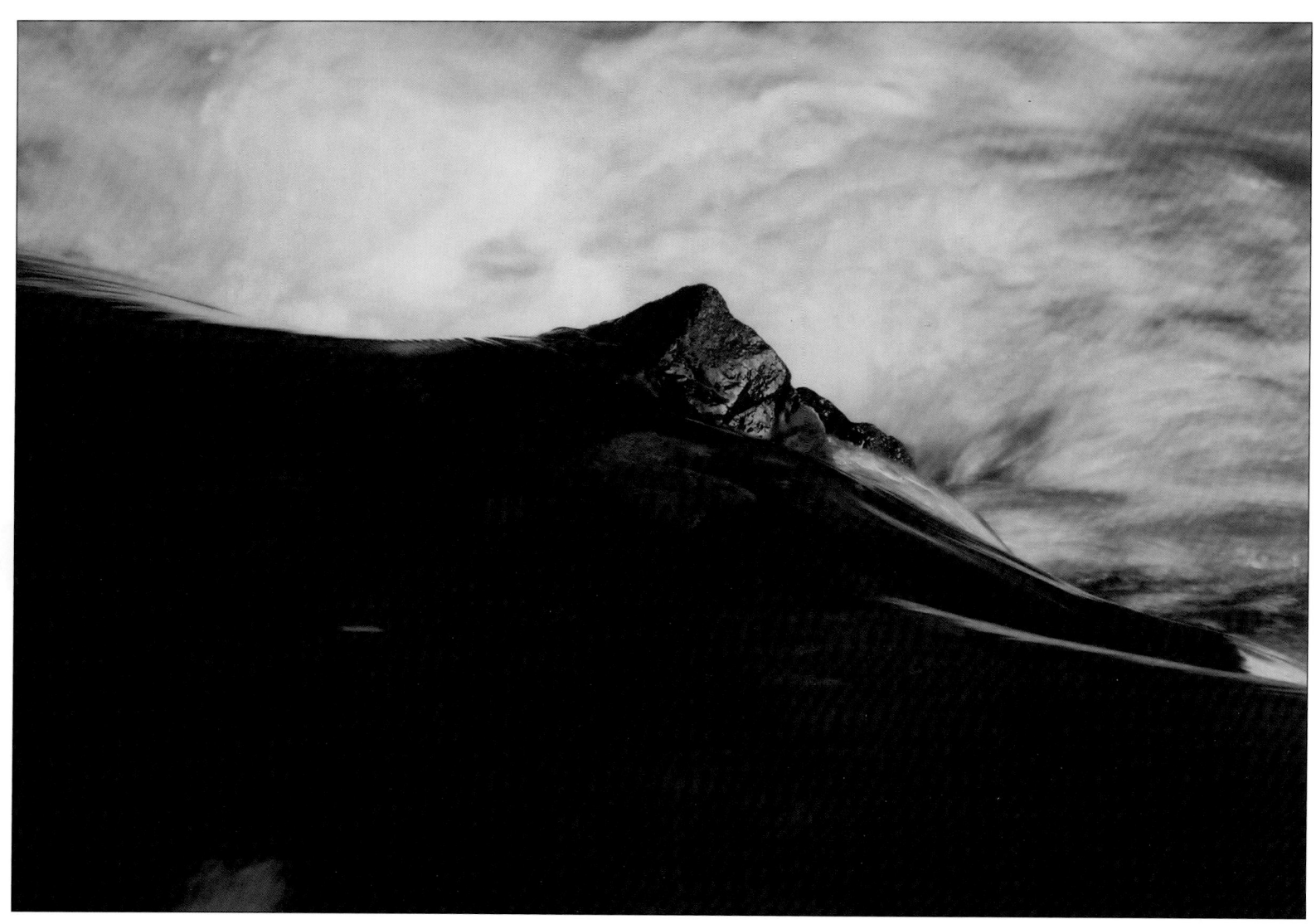

Im Labyrinth bei Leupoldishain

Am Wartturm

In den Schrammsteinen

VON DENKWÜRDIGEM AM WEGE
MATTHIAS GRIEBEL

Dem Besucher der Sächsischen Schweiz bietet sich ein einmaliges Landschaftserlebnis dar. Die bizarren Felsengebilde, Wälder, Täler und Schluchten in ihrer wilden Romantik, aber ebenso die hoch aufragenden Tafelberge über den Verwitterungskegeln und die umgebenden ausgedehnten Ebenheiten sind angetan, Herz und Sinne des Betrachters zu erfüllen und bieten immer neue, wechselnde Eindrücke.

Was Wunder, dass solch Bilderreichtum im Erleben der Sächsischen Schweiz dominiert. Die geschichtlichen Besonderheiten oder die Befindlichkeiten und Beschwernisse der Bewohner, die hier seit alters her in ihren Siedlungen leben und arbeiten, offenbaren sich nur mehr in Andeutungen.

Daher mögen einige Gedankensplitter, sozusagen den Spuren des Wanderweges abgelesen, manche Merkwürdigkeiten erhellen und Anregung bieten, anhand einschlägiger Darstellungen das Schauerlebnis Sächsische Schweiz abzurunden und zu vertiefen.

Da sei zuvörderst der Schweiz-Superlativ der Namensgebung, der einer Zeitmode folgend, auch anderen deutschen Landschaften beigegeben wurde wie der »Fränkischen Schweiz« im Deutschen Jura, der »Holsteinischen Schweiz« um Carl Maria von Webers Geburtsort Eutin, der »Mecklenburgischen Schweiz« am Malchiner See oder der bei Buckow gelegenen »Märkischen Schweiz«.

Für unser Elbsandsteingebirge werden jedoch zwei gebürtige Schweizer als Namenspatrone angesehen, die ihren Weg aus der Residenzstadt oft hierher nahmen: Anton Graff (1736–1813) aus Winterthur, seit 1766 Lehrer an der Dresdener Kunstakademie, Hofmaler und gesuchtester Porträtmaler Deutschlands sowie sein Lehrerkollege Adrian Zingg (1734–1816) aus Sankt Gallen, Maler und Kupferstecher, der als künstlerischer Entdecker der sächsischen Landschaft gilt.

Denen, die in jener Zeit zunehmend die romantische Felsenlandschaft aufsuchten, gab dann der Lehrer und Theologe Carl Heinrich Nicolai (1739–1823), seit 1797 Pfarrer in Lohmen, mit seinem 1801 erschienenen »Wegweiser durch die Sächsische Schweiz« einen ersten Cicerone zur Hand, wodurch der Schweizname populär wurde. Vordem war diese Gegend als »Meißener Oberland«, als »Heide über Schandau« und ganz früher als »Böhmische Wälder« bezeichnet worden.

Denn tatsächlich hatte sich das böhmische Herrschaftsgebiet mit den Herrschaften Königstein, das ist des böhmischen Königs Stein (bis 1408), Rathen (bis 1423) und Hohnstein (bis 1453) bis nach Pirna erstreckt, das ebenfalls meißnisch wurde. Auch sind die Burggrafschaft Dohna (1402) und das Gebiet bis an den Oberlauf der Gottleuba dann der Mark Meißen einverleibt worden.

Damit verschwanden auch die böhmischen Burgherren wie die Berke von der Duba, die auch auf Hohnstein und Rathen gesessen hatten; viele der noch heute in den Überlieferungen genannten Raubnester auf den schwer zugänglichen und gut befestigten Bergmassiven wurden zerstört.

Der Vertrag von Eger besiegelte dann im Jahre 1459 die Grenze zwischen Sachsen und Böhmen, die im Wesentlichen über die Jahrhunderte hinweg bis heute gültig blieb, unter den Besonderheiten der Besiedlungsgeschichte eine über lange Zeit durchlässige war und auch keine Sprachgrenze bildete.

Vor allem der Böhmerkönig Ottokar II. (reg. 1253–1278) lud deutsche Kolonisten aus dem Meißnischen in das kaum besiedelte Nordböhmen ein, deren Ortsgründungen des 13. Jahrhunderts in den Ortsnamen nachklingen. Daher waren auf beiden Seiten deutsche Siedlungsnamen zu finden, die auf böhmischem Gebiet erst später tschechisch angeglichen wurden. Heute werden offiziell beide Formen verwendet: zum Beispiel Herrnskretschen/Hřensko.

Diesseits der Grenze, also im Raum unserer Sächsischen Schweiz, ist im Gegensatz zu anderen sächsischen Gegenden von einer frühen slawischen Besiedlung kaum auszugehen, wenn auch Ortsnamen wie Rathen, Schmilka oder Krippen, Flussbezeichnungen von Biela, Kirnitzsch oder Polenz darauf hindeuten könnten. Sicherlich gab es lediglich lose Berührungen aus dem ferneren Umland im Rahmen von Waldnutzung oder Fischfang.

Erst im ausgehenden 12. und 13. Jahrhundert erfolgte eine dauerhafte Besiedlung von Süden und Westen her durch überwiegend fränkische Kolonisten, Ortschaftsnamen mit anhängender Silbe »dorf«, auch »walde« oder »hain« bezeugen dies.

Wie für die anderen Siedelgebiete auch, so trifft jedoch insbesondere für die unwirtliche Gegend der Wälder im oberen Elbegebiet zu, dass die Kolonisten bei ihrer Siedeltätigkeit vor unerhörten Herausforderungen standen. Wie fand man den geeigneten Platz für dauerhaftes Bleiben? Es galt, sofort mit der Waldrodung zu beginnen, das so gewonnene Feld zu bereiten und zu bestellen um baldmöglichst eine erste Ernte zu erlangen. Wie beschaffte man bis dahin die Nahrungsmittel für die hart arbeitenden Männer und die Familien; gelang der Bau eines festen Hauses noch vor dem Winter?

Jenes große Siedelwerk konnte nur unter Entbehrungen und mit der Kraft der Gemeinschaft gelingen. Zudem fehlte ja noch jede Infrastruktur, es gab keinerlei Unterstützung von irgendwem oder irgendwoher. Die Obrigkeit residierte auf weit entfernten Herrensitzen und folgte zudem anderen Ambitionen. Für sie waren die »Böhmischen Wälder« über die Zeitläufe hinweg vor allem bevorzugtes Jagdgebiet. Kurfürst August (reg. 1553–1586) erwog sogar den Plan, das Gebiet zu einem riesigen Wildpark zu machen und dafür die Bewohner auszusiedeln.

Jener Herrscher hätte übrigens bei einer Hofjagd am Kleinen Winterberg beinahe sein Leben durch einen starken Hirsch eingebüßt.

Unter seinen Nachfolgern gilt Johann Georg I. (reg. 1611–1656) als geradezu besessener Nimrod: 30.000 Stück Reh- und Damwild und ebenso viele Wildschweine, 18.000 Hirsche, zusammen 40.000 Füchse und Hasen, auch 3.500 Wölfe, 900 Dachse sowie 200 Bären und Luchse sind das überlieferte Ergebnis seiner Jagdleidenschaft in den Revieren, zu denen auch die »Heide über Schandau« gehörte.

Auch von Rekrutierungen, Heereszügen und kriegerischen Ereignissen blieb das Gebiet der Sächsischen Schweiz nicht verschont. So zerstörten 1633 die Kroaten viele Dörfer, 1706 marodierten hier schwedische Söldner – die Bewohner flüchteten in die »Schwedenlöcher« – und im Siebenjährigen Krieg zog das preußische Heer 1756 in das schlecht gerüstete Sachsen; auf der Ebenheit am Lilienstein wurden 14.000 ausgehungerte sächsische Soldaten gefangen genommen. Die Napoleonische Zeit brachte dann erneute Kriegswirren. Oft musste in solchen Notzeiten die sichere Festung Königstein dem Dresdner Hof als Zuflucht dienen. Auch brachte man die Kunstschätze hierher und noch in den beiden Weltkriegen waren auf der Festung Gefangene interniert. Unter solch unsäglichen Wirrnissen litt natürlich stets auch die Bevölkerung, deren ohnehin karges Auskommen noch zusätzliche Beschwerungen erfuhr.

In den Dörfern der Region wurde vor allem eine nicht besonders ertragreiche Landwirtschaft betrieben, allerdings erlangte der Flachsanbau eine gewisse Bedeutung. Damit entwickelten sich örtlich Weberei und Textilgewerbe, das aber im Zuge der anderwärts erblühenden Textilindustrie im 19. Jahrhundert wieder zum Erliegen kam.

Natürlich nährten sich die Bewohner auch von Handwerk und Gewerbe – sogar das heimliche »Paschen« über die Grenze brachte manchen Gewinn.

In den Seitenflusstälern verlangten die zahlreichen Mahl- und Brettschneidemühlen nach Arbeitskraft, vor allem aber fanden die Menschen ihren Broterwerb als Wald- und Holzarbeiter, im Steinbruchbetrieb oder dem Stromgewerbe der Elborte.

Die Elbe, sozusagen eine der Urhandelsstraßen des Sachsenlandes, bot seit alters her den Bewohnern ein reges Betätigungsfeld; insbesondere auch den Bürgern der Städte wie Schandau, Königstein oder Pirna, die mit Zöllen und Niederlagsrechten begabt waren.

Der Elbstrom steht an zehnter Stelle der europäischen Fließgewässer und ist nach Donau und Rhein der drittgrößte deutsche Fluss. Bei Schmilka erreicht er deutsches Gebiet und hat, aus dem Quellgebiet im Riesengebirge kommend, fast ein Viertel seiner Gesamtstrecke bereits durchflossen, jedoch noch 180 sächsische Flusskilometer vor sich, bevor er nach insgesamt 1.200 Kilometern in die Nordsee mündet.

Die Basteiaussicht befindet sich rund 200 Meter über der Elbe und reichlich 300 Meter über dem Meeresspiegel, wodurch deutlich wird, dass der Fluss durch sein sanftes Gefälle Schifffahrt und Flößerei günstige Bedingungen bot. Außerdem erfolgten Stromregulierungen, bei denen alle dem Flussverkehr hinderlichen Untiefen beseitigt wurden.

Über den einst in großem Umfang ausgeübten Flößereibetrieb können wir Heutigen uns kaum noch Vorstellungen machen, ist doch jenes Stromgewerbe seit fast hundert Jahren von der Elbe völlig verschwunden.

Es war der immense Bedarf an Bau- und Brennholz, vor allem der Städte, der aus den riesigen böhmischen wie sächsischen Wäldern gedeckt wurde und den Holzfällern, Platzarbeitern, Floß- und Ruderknechten zu einigem Auskommen verhalf. Noch um 1850 wurde beispielsweise in den Dresdner Betrieben, in Haushalten und selbst am königlichen Hof fast ausschließlich Holzfeuerung betrieben.

So genannte Holzhöfe waren die Anlaufstellen des herbeigeflößten Holzes und noch im Jahr 1882 passierten 200 Flöße die Dresdner Elbe. Das Binden der Stämme und Zusammenstellen der großen Flöße wurde vorwiegend auf den Holzsammelplätzen im böhmischen Niedergrund/Dolní Žleb, aber auch in Schandau und andernorts vorgenommen.

Im Kirnitzschtal wurde von den Arbeitern, die Holzmacher und Flößer in einem waren, lediglich »wilde Flößerei« betrieben, bei welcher die Stämme bachabwärts zu den Sammelplätzen geflößt wurden. An der Elbe entstanden dann einfache Flöße für den Transport zu den näheren Holzhandelsplätzen oder Schneidemühlen.

Die größten Transporteinheiten aber waren die so genannten »Magdeburger Böden«. Sie bestanden aus mehreren miteinander verbundenen Floßtafeln, diese wiederum aus einigen Lagen Stämmen übereinander und erreichten oft eine Länge von 130 Metern. Obenauf transportierte man außerdem noch Bretter und Klotzholz. An Deck befand sich auch die Schutzhütte, in welcher sich die Besatzung, die 24 Mann betrug, auch die Verpflegung bereitete.

Der Kuriosität halber sei erwähnt, dass auch die »Heidelbeerweiber« die Flöße gern als billige Mitfahrgelegenheit nutzten, ihren Ertrag in den Städten zu verhökern. Eine solche Floßfahrt nach Magdeburg dauerte zwischen vier Tagen und einer Woche, je nachdem wie viele Schwierigkeiten die Flößer mit den allein auf sächsischer Strecke wenigstens 20 Furten, Hegern und Sandbänken zu überwinden hatten. Der Rückweg der Mannschaft erfolgte zu Fuß, erst später mit der Eisenbahn, die 1848 bis Pirna, 1850 bis Krippen und ein Jahr später bis ins Böhmische fertiggestellt war.

Weiteren Broterwerb bot die Elbe den Bewohnern durch ihren Fischreichtum, im Fährbetrieb und vor allem gab es einen ständigen Bedarf an Schiffsziehern.

Diese »Bomätscher« treidelten auf dem längs der Elbe hinführenden »Leinpfad« die auch mit Segeln besetzten Lastschiffe per Hand stromauf. Erst mit Einführung der Dampfschifffahrt ging diese Erwerbsquelle verloren. Ab den 1860er Jahren wurde dann auch Kettenschifffahrt betrieben, bei welcher sich die Schlepper mittels Dampfmaschine an einer eisernen Kette, die von Hamburg bis an den Zusammenfluss von Elbe und Moldau im Strombett lag, unter ohrenbetäubendem Lärm entlangarbeiteten. Welch gewaltiges Ausmaß der Lastverkehr auf der Elbe erreichte, wird dadurch deutlich, dass im Jahre 1882 auf der Bergfahrt 8.000 beladene Schiffe und noch einige hundert mehr auf der Talfahrt die Zollgrenze bei Schandau passierten.

Der erste Personendampfer, die »Königin Maria«, fuhr im Sommer 1837 von Dresden nach Rathen, kratzte allerdings an den Niedrigwasserstellen auf Grund. Um 1900 beförderte dann die »Sächsisch-Böhmische Dampfschiffahrtsgesellschaft« bereits über eine Million Passagiere.

Den naturgemäß wichtigsten Wirtschaftszweig bildete im Gebiet unserer Sächsischen Schweiz über Jahrhunderte hinweg der Steinbruchbetrieb. Schon die erste erhaltene Rechnung über Bauarbeiten an der Dresdner Brücke aus dem Jahre 1388 vermerkt, dass das »Brückenschiff« die Steine »von Pirnis und Ratyn« heranbrachte.

Nicht nur für die Bauten der sächsischen Residenz (Dresdner Zwinger) oder anderer Städte (Brandenburger Tor in Berlin), für Festungswerke oder Kirchenbau wurde Elbsandstein gebrochen, er war auch im Ausland als Baumaterial begehrt. So wurde aus ihm im 16. Jahrhundert das Rathaus in Antwerpen ebenso errichtet wie 1730/40 das Kopenhagener Schloss Christiansborg.

Die Anzahl der Steinbrüche soll früher einmal 570 betragen haben.

Immerhin sind für das Jahr 1880 noch 270 Brüche bezeugt, in denen 3.000 einheimische Arbeiter (darunter übrigens 150 Frauen!), aber auch tschechische und italienische Bruchmeister, Hohlmacher, Steinbrecher und -metze sowie Räumer tätig waren. Das Hohlmachen der Felsmassive, Fällen der Wände, Bearbeiten und Verbringen der oft gewaltigen Steinblöcke zum Fluss erforderte von den Arbeitern eine unerhörte Kraftleistung. Zudem war die Tätigkeit am Stein mit schweren gesundheitlichen Beeinträchtigungen durch den Steinstaub verbunden; auch Felsabstürze bildeten eine ständige Gefahr.

In jüngster Zeit wurden lediglich noch sieben Steinbrüche der Sächsischen Schweiz betrieben, überwiegend für denkmalpflegerisch-restauratorische oder künstlerische Zwecke. Der Wiederaufbau der Dresdener Frauenkirche erfolgte dann überwiegend unter der Nutzung der Brüche von Posta, Cotta und Reinhardtsdorf – natürlich indessen unter Nutzung modernster Technik und Transportmöglichkeiten.

Eine industrielle Entwicklung war im Gebiet der Sächsischen Schweiz kaum zu verzeichnen. Außer Mühlenbetrieben und Sägewerken sind vor allem die früheren Eisenhämmer und Gießhütten um Königstein zu nennen, jedoch entwickelten sich der Holzschliff zu einem beachtlichen Gewerbezweig. Der seit 1853 in Krippen ansässige Friedrich Gottlob Keller (1816–1895) hatte mit seiner Erfindung, aus Holz den Rohstoff zur Papierherstellung zu gewinnen, eine bahnbrechende Neuerung für die Papier- und Kartonagenindustrie entwickelt. Daran partizipierten nun zahlreiche Mühlen, die sich diesen neuen Produktionszweig erschlossen. Allein entlang der Kirnitzsch betrieben den Holzschliff ehedem fünf Betriebe, von denen nur noch die Neumannmühle als technisches Museum Zeugnis gibt.

Den nachhaltigsten Aufschwung erfuhr im Zuge des zunehmenden Tourismus in der Sächsischen Schweiz das Fremdengewerbe. Restaurationsgewerbe und Herbergswesen, Kleinhandel mit Andenken und Wanderutensilien, aber ebenso Dienstleistungen als Berg- und Fremdenführer, erschlossen der ansässigen Bevölkerung neue Erwerbsmöglichkeiten.

Der dänische Märchendichter Hans Christian Andersen (1805–1875) berichtet von seiner »Reise nach Dresden und in die Sächsische Schweiz« 1831, dass ihm sogar ein erst Zehnjähriger als kundiger Bergführer diente. Auch wurde die Reisegesellschaft in einem Wirtshaus und sogar vor der Felsenhöhle des »Kuhstalls« mit Harfenklängen unterhalten. Selbstverständlich besuchte man auch die Bastei, auf der sich seit 1826 ein festes Gasthaus befand. Dass sich um die Bewirtung auf diesem bevorzugten Punkt einst ein Jahre währender zermürbender »Gastwirtskrieg« zwischen dem Fleischhauer Pietzsch aus Lohmen und seinem Konkurrenten, dem Rathener Erblehnrichter Schedlich abgespielt hatte, vermutet man kaum in der »guten alten Zeit«.

Auch andere Gasthäuser wie auf dem Lilienstein und Pfaffenstein, in den Talmühlen und Ortschaften – die wie Schandau und Rathen sogar Kurstatus erhielten – florierten als beliebte Einkehrstätten.

Denen, die sich den fremden Reisenden andienten, schrieb die »Königliche Amtshauptmannschaft Pirna« in einem »Regulativ über das Schweizführer-Saumthier- und Lohnfuhrwesen« Verhaltensweisen, Stellplätze, Führungsrouten und Entgeltstarife vor. So berechnete man 1883 für eine Tour zu Fuß von Königstein nach dem Lilienstein einen halben Tag = zwei Mark; die Beförderung von bis zu zehn Kilo Gepäck inbegriffen. Besondere Bequemlichkeit boten betuchten Besuchern die »Sesselträger«. Deren Entlohnung richtete sich nach dem Beschwerlichkeitsgrad der Tour: von der Stadt Wehlen zum Beispiel durch den Wehlener- und Zscherregrund bis auf die Bastei waren fünf Viertelstunden vorgegeben und es erhielten beide Träger zusammen 7,50 Mark.

Den nicht ausbleibenden Gefahren für Natur und Landschaft im Zuge des vermehrten Tourismus begegneten der 1877 gegründete »Gebirgsverein für die Sächsische Schweiz« und die Bergsteigerverbände ebenso wie gezielte staatliche Maßnahmen zur Unterschutzstellung bestimmter Gebiete. Im Jahr 1956 schließlich wurde die gesamte Sächsische Schweiz zum Landschaftsschutzgebiet erklärt. Dem traditionellen Klettersport, vor allem seit der Besteigung des Falkensteins 1864 im Gebiet heimisch, geben strenge Regeln Verhaltensweisen vor. Immerhin gibt es hier 1.099 Kletterfelsen mit etwa 14.000 Kletterwegen unterschiedlichster Schwierigkeitsgrade.

Einen besonderen Status erhielt die Sächsische Schweiz im Jahr 1990 durch die Ausweisung als Nationalpark auf einer Fläche von 93 Quadratkilometern im Gebiet des vorderen und hinteren Elbsandsteingebirges. Dass auf tschechischer Seite im Jahre 2000 der Nationalpark Böhmische Schweiz/České Švýcarsko ebenfalls ausgewiesen wurde, bleibt hier nur anzumerken, ohne auf die Bergwelt auch jenseits der Grenze einzugehen.

Die Landschaft der vorderen und hinteren Sächsischen Schweiz, das Gebiet der linkselbischen Steine und des Bielatales bieten in ihrer Gesamtheit dem Natursinn wie der emotionalen Erlebnisfreude des Menschen einen ungewöhnlichen Zauber, wie er für Mitteleuropa einzigartig ist.

In diesem Sinne bietet der »Malerweg Elbsandsteingebirge« auf einer Strecke von über hundert Kilometern eine reiche Palette Wanderromantik mit natürlichen wie geschichtlichen Besonderheiten und möchte jedem Natur- und Wanderfreund ein nützliches Vademecum sein, die Schönheiten der Sächsischen Schweiz zu erleben und immer wieder aufs Neue zu entdecken.

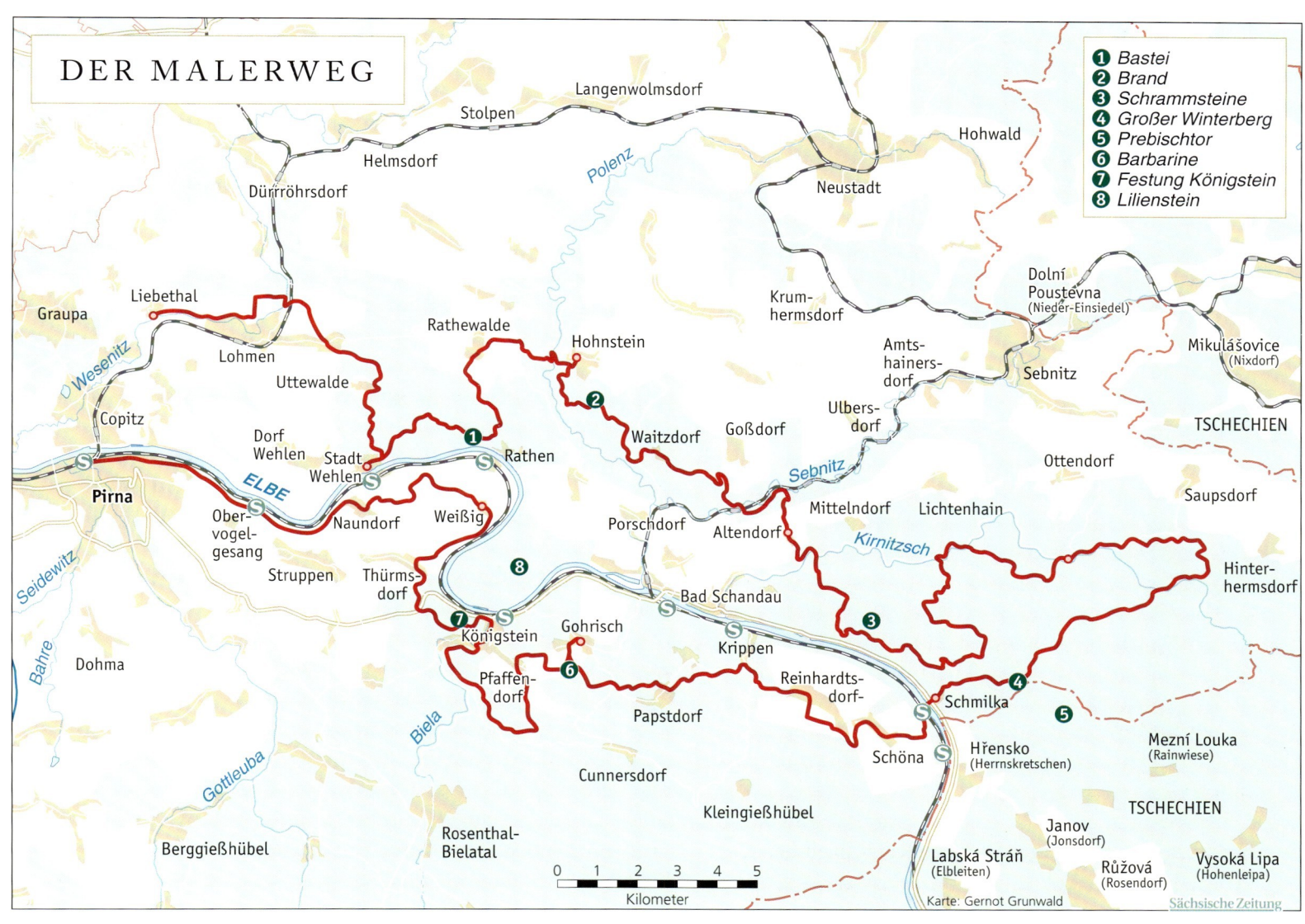

DIE AUTOREN

KLAUS WILLEM SITZMANN
Geboren 1952 in Fulda, Buchdrucker, diplomierter Sozialarbeiter. Langjährige Tätigkeit beim Land Hessen u.a. im Jugenstrafvollzug, bereits während der Studienzeit Zusammenarbeit mit Prof. Robert Sturm im Fach Fotografie. Seit der Flut 2002 in Dresden. Veröffentlichungen u.a. Bildband »Die Dresdner Frauenkirche – Dem Himmel näher« (2004); Bilddokumentation zum Wiederaufbau des Neumarkts »Dresdens Herz« (2006).

HANS-JOACHIM NEIDHARDT
Geboren 1925 in Leipzig, Prof., Dr. phil., Kunsthistoriker. 1959 bis 1990 Kustos für Malerei des 19. Jahrhunderts an der Dresdner Gemäldegalerie Neue Meister. Nach 1990 Mitwirkung in Bürgerinitiativen zur kulturellen und städtebaulichen Entwicklung Dresdens (z.B. Frauenkirche, Historischer Neumarkt). Zahlreiche Veröffentlichungen zur Malerei des 19. Jahrhunderts und zur Kunstgeschichte Sachsens.

MATTHIAS GRIEBEL
Geboren 1937 in Dresden, staatlich geprüfter Landwirt. Von 1990 bis 2002 Direktor des Stadtmuseums Dresden, bis 2007 Vorsitzender des Landesvereins Sächsischer Heimatschutz, danach Ehrenvorsitz. Profunde Kenntnisse über die Dresdner Stadt- und sächsische Regionalgeschichte eignete er sich als Autodidakt an.

KONRAD CREUTZ
Geboren 1943 in Dresden, 1969–2005 Pfarrer in Hinterhermsdorf und Saupsdorf. Seit 1996 zugleich auch in Sebnitz, 2006 Ruhestand, 1981–1995 Ortsdenkmalpfleger in Hinterhermsdorf, seit 1986 Mitglied im Arbeitskreis Sächsische Schweiz des Landesvereins Sächsischer Heimatschutz, seit 1993 Vorsitzender, zugleich Vorstandsmitglied des Landesvereins.

HORST SCHUSTER (GESTALTER)
Geboren 1930 in Dresden, Prof., Typograf und Buchgestalter. 1944–1952 Lehre und Arbeit in grafischen Großbetrieben Dresdens, 1952–1977 im Verlag der Kunst Dresden tätig, ab 1965 als Künstlerischer und Technischer Leiter. 1978–1996 Lehramt und leitende Funktionen an der Hochschule für Bildende Künste Dresden. Seitdem freischaffend.

IMPRESSUM

© edition Sächsische Zeitung
SAXO'Phon GmbH, Ostra-Allee 20,
01067 Dresden, www.editionsz.de

Herausgeber: Klaus Willem Sitzmann
Buchgestaltung: Horst Schuster
Layoutumsetzung: Antje Madaus,
Dresdner Verlagshaus Technik GmbH
Karte: Gernot Grunwald
Druck: Druckhaus Dresden GmbH

Alle Rechte vorbehalten
1. Auflage August 2008

Das Werk einschließlich aller seiner Teile ist urheberrechtlich geschützt. Jede Verwertung außerhalb der engen Grenzen des Urheberrechtsgesetzes ist ohne Zustimmung unzulässig und strafbar. Das gilt insbesondere für Vervielfältigungen, Übersetzungen, Mikroverfilmungen und die Einspeicherung und Verarbeitung in elektronischen Systemen.

Bildnachweis:
S. 6 · Städtische Galerie Dresden, Kunstsammlung, Repro: Franz Zadnicek
S. 7 · Sammlung Christian Ludwig Herzog zu Mecklenburg, Repro: Elke Walford
S. 8 oben · bpk / Hamburger Kunsthalle, Repro: Elke Walford
S. 8 unten · Belvedere, Wien
S. 9 oben · bpk / Nationalgalerie, Staatliche Museen zu Berlin, Repro: Jörg P. Anders
S. 9 unten · Staatliche Kunstsammlungen Dresden, Galerie Neue Meister
S. 10 oben · SLUB, Deutsche Fotothek, Repro: Christina Hüttel
S. 10 unten · bpk / Nationalgalerie, Staatliche Museen zu Berlin
© VG Bild-Kunst, Bonn 2008
S. 11 · TU Dresden (IAPP), Hermann-Krone-Sammlung

ISBN: 978-3-938325-53-7